이티 할아버지
채규철

참고도서

채규철 지음,《소나기 30분》(도서출판 선, 2006)
채규철 지음,《ET할아버지와 두밀리 자연학교》(도서출판 소나무, 1997)
이기환 편저,《성산 장기려》(한걸음, 2022)
정석원 저,《덴마크 행복교육》(뜨인돌, 2019)

사진 제공

도서출판 선,《소나기 30분》(2006년 발간)

도토리숲 문고 08

이티 할아버지 채규철

초판 1쇄 펴낸 날 2023년 7월 26일

지은이 박선욱 | **그린이** 이상권

펴낸이 권인수
펴낸곳 도토리숲
출판등록 2012년 1월 25일(제313-2012-151호)

주소 | 서울 마포구 모래내로7길 38 2층 202-5호(성산동 137-3)
전화 | 070-8879-5026 **팩스** | 02-337-5026 **이메일** | dotoribook@naver.com
블로그 http://blog.naver.com/dotoribook
인스타그램 @acorn_forest_book

기획편집 권병재 | **디자인** 새와나무

글 ⓒ 박선욱 2023, 그림 ⓒ 이상권 2023

ISBN 979-11-85934-93-8 74810
ISBN 979-11-85934-28-0(세트)

* 이 책은 저작권법에 따라 보호를 받는 저작물이므로, 무단 전재와 무단 복제를 금하며, 이 책에 실린 내용을 이용하시려면 반드시 저작권자와 도토리숲의 동의를 받아야 합니다.
* 책값은 뒤표지에 있습니다.

※ 어린이 안전 특별법에 의한 제품 표시

품명 도서 / **제조자명** 도토리숲 / **제조국** 대한민국 / **사용연령** 10세 이상

이티 할아버지 채규철

박선욱 글 | 이상권 그림

: 작가의 말 :

한 사람의 의지가
세상을 바꾸는 힘이 됩니다

코로나19가 지구촌을 덮쳤을 때의 일들을 다들 기억하시나요? 전 세계의 수많은 사람들이 전염병에 감염되어 병원으로 실려 가고, 격리되고, 죽어 나가는 그 악몽 같은 기억 말입니다. 마스크를 사기 위해 새벽부터 줄을 섰던 그 추운 겨울날의 몸서리쳐지던 일들은 생각조차 하기 싫을 정도입니다.

그즈음 몇 가지 진귀한 일도 생겼습니다. 해외의 잘 알려진 언론과 의료 전문가들이 우리나라를 부러운 눈초리로 쳐다보기 시작한 겁니다. 그들은 한국의 훌륭한 방역 체계, 선진국 수준의 의료보험 제도에 대해 아낌없는 찬사를 보냈습니다. 전 세계의 이목을 집중시킬 만큼 대단한 한국의 의료보험 제도는 대체 언제부터 시작되었을까요? 이 제도는 도대체 누구로부터 비롯되었을까요?

그것은 놀랍게도, 한 사람의 열정에서부터 비롯되었습니다. 그가 바로 이 책의 주인공인 채규철 선생님입니다. 1968년 어느 가을날, 채규철 선생님은 자동차 전복 사고를 당했습니다. 이때 차 안에 있던 시너 통에 불이 붙는 바람에 그는 온몸에 3도의 화상을 입고 말았습니다. 사고로 한쪽 눈을 잃었고, 불에 탄 손가락은 갈고리 모양으로 굳어 버렸지요.

응급실에 실려 온 그는 수술하러 온 장기려 박사님께 말했습니다. "박사님, 제가 죽더라도…… 청십자 의료보험조합 운동만큼은 저 대신…… 꼭 성공시켜 주십시오." 죽음 진전에 내뱉은 유언이었지요. 장 박사님의 요청을 받고 달려온 안과, 피부과, 성형외과 등 각 분야의 의사 선생님들은 그날부터 정성을 기울여 채규철 선생님을 치료했습니다. 몸이 어느 정도 회복되자, 일그러진 얼굴에 성한 피부를 떼어 붙이는 피부 이식 수술을 반복했습니다. 붙어 버린 입술은 칼로 찢어, 식사도 하고 말도 할 수 있게 했습니다. 붙어 버린 손가락 몇 마디는 아예 잘라 냈습니다. 불에 탄 눈썹 부위에는 겨드랑이 털을 뽑아서 심었습니다. 이처럼 실력 있는 의사 선생님들이 힘을 모아 3개월 동안 30여 차례의 수술을 한 뒤, 채규철 선생님은 기적적으로 살아났습니다.

그는 병상을 털고 일어선 뒤 '청십자 의료보험조합'을 이 땅에 뿌리 내리게 하기 위해 온 힘을 기울였습니다. 이 무렵 우리나라는 일제강점기와 한국전쟁을 겪은 뒤라서 세계에서 가장 가난한 나라 가운데 하나였습니다. 채규철 선생님이 의료보험조합 운동을 벌이던 때에 사람들은 보험 외판원이나 사기꾼으로 오해하며 채규철 선생님을 밀어내기 바빴습니다. 하지만 채규철 선생님은 꾸준히 청십자 의료보험조합 운동을 벌였습니다. 갖은 애를 쓰자 조합에 가입하는 사람들이 하나둘 늘이 기기 시작했습니다. 이 운동을 발판 삼아 1977년 국가에서 의료보험조합 제도를 시작했으며, 이후 여러 우여곡절을 겪다가 2000년 김대중 대통령 시절 국민건강보험공단을 설립함으로써 현재의 뼈대를 갖추었습니다.

채규철 선생님은 본디 농촌 운동가이자 교육자로 활동하셨습니다. 이는 함흥에서 농촌 계몽 운동과 교육 운동을 벌이던 부모님의 영향을 받은 까닭이기도 합니다. 그는 젊은 시절 충남 홍성에 있는 풀무농업기술학교에서 아이들에게 영어를 가르치면서 농촌 운동과 교육 운동을 활발히 벌였습니다. 이 시기에 그는 국비 유학생으로 덴마크의 하슬레브대학에 가서 선진 농업 기술과 수준 높은 교육 이념 및 교육 제도에 대해 배워 왔습니다.

 귀국 후 채규철 선생님은 청십자 의료보험조합 운동을 벌이다가 불의의 사고를 당한 것입니다. 퇴원 후 그는 간질 환자 진료 사업 모임인 '장미회'를 창립했고, 소록도 한센병 환자를 돕는 '소록도 봉사대'를 조직했습니다. 또한, 자신이 거주하는 서울 잠실 시영아파트에 '어린이 도서관'을 만들었습니다. 뿐만 아니라 전국을 돌면서 수많은 강연 활동을 하는 등 몸이 열 개라도 모자랄 만큼 왕성한 사회 봉사 활동을 했습니다.

 노년에 이르러서는 경기도 가평의 산골짜기에 우리나라 대안학교의 시초라 할 수 있는 두밀리자연학교를 만들어 전국의 수많은 아이들에게 열린 교육의 장을 제공했습니다. 그는 이곳에서 덴마크 국민 교육 운동의 선구자인 크리스텐 콜의 사상을 이어받아 '지원을 하되 간섭은 하지 않는' 교육 철학을 몸소 실천했습니다. 두밀리자연학교가 놀면서 배우는 '해방구' 역할을 했기에, 아이들은 이곳을 또다시 가고 싶은 '자유학교'로서 오랫동안 기억하게 되었습니다.

이 책은 뜻하지 않은 사고로 온몸이 불에 탄 채규철 선생님의 어린 시절부터 마지막 순간까지의 이야기를 담고 있습니다. 그의 일생은 겉으로 보기에는 끔찍한 화상을 입고 도깨비처럼 일그러진 얼굴로 살아가야 했던 비참한 삶이었습니다. 하지만, 자세히 들여다보면 불행을 딛고 끝끝내 오뚝이처럼 일어선 찬란한 승리의 삶이기도 했습니다.

채규철 선생님의 생애를 따라가는 동안, 우리는 한 사람의 의지가 자신의 삶뿐만 아니라 세상을 바꾸는 씨앗이 될 수도 있다는 것을 뚜렷이 알게 됩니다. 오늘을 살아가는 여러분도 채규철 선생님의 발자취를 찬찬히 들여다보면서 저마다 겪어야 할 삶과 꿈, 고난과 노선에 대해 곰곰 생각하는 계기가 되기를 바랍니다.

2023년 여름
대덕산 자락 아래에서 한강을 바라보며
박선욱

차례

작가의 말 …… 5

이미 타 버린 사람, 이티 할아버지 …… 13
함흥 …… 27
눈 내리는 흥남부두 …… 37
지세포 …… 50
서울 유학 …… 63

새로운 길 …… 73

풀무학원의 교사가 되어 …… 83

덴마크 유학과 청십자 운동 …… 96

운명의 그날 …… 105

어린이 방목장 두밀리자연학교 …… 117

채규철 연보 …… 128

이미 타 버린 사람,
이티 할아버지

버스에서 한 떼의 아이들이 쏟아져 내렸다. 한적한 산자락 아래로 개울물이 쫄쫄 흐르고 있있다. 두밀천이었다.

"이야! 냇물이다."

"물이 참 맑네."

아이들은 우르르 개울 쪽으로 몰려갔다. 뒤에 서 있던 선생님이 손뼉을 치며 외쳤다.

"여기가 바로 경기도 가평군 가평읍 두밀리란다. 자, 그럼 자연학교를 향해 출발해 볼까?"

"네, 선생님!"

아이들이 합창을 하듯 한목소리로 대답했다.

행진하듯 발을 맞춰 씩씩하게 걷던 아이들의 줄은 얼마 지나지 않아 금세 삐뚤빼뚤해졌다. 두밀천을 따라 걸어 올라가는 아이들은 동무들과 장난을 치면서 속삭였다.

"어라, 장승 아냐?"

"재미있게 생겼다."

아이들은 길가에 세워진 '푸른 숲 할아버지', '맑은 물 할머니'라 쓰인 장승 두 개를 신기하게 바라보았다. 익살스럽게 웃는 장승이 모두를 환영해 주는 듯했다. 파란 하늘 아래 잠시 싱그러운 바람이 불어와 아이들의 이마를 간지럽혔다. 여름방학을 맞아 두밀리자연학교 수날 캠프장을 찾은 선생님과 아이들은 통나무 다리를 밟으며 차례차례 개울을 건넜다.

"얘들아, 조심해라. 장난치지 말고."

선생님은 아이들을 챙기느라 분주했다. 하지만 아이들은 선생님 이야기가 들리지 않는 듯 저마다 들뜬 목소리로 외쳤다.

"저기 봐, 개구리야!"

"와, 진짜!"

고요하던 숲속은 선생님의 호루라기 소리와 아이들의 높다란 재잘거림으로 술렁이기 시작했다.

다리를 건너자 한 할아버지가 개울 옆 공터에서 아이들을 반갑게 맞아 주었다.

"어서 오세요, 선생님. 애들아, 어린이 방목장에 온 걸 환영한다."

할아버지는 두밀천에서 막 잡아 올린 물고기를 족대로 떠서 네모난 어항에 집어넣고 있었다. 순간 아이들은 할아버지의 오그라진 손과 일그러진 얼굴을 보고 깜짝 놀랐다.

"앗, 도깨비다!"

한 아이가 옆 친구에게 조그맣게 속삭였다. 하지만 두밀천 물소리에도 그 말은 분명히 들렸다. 선생님이 미처 말릴 사이도 없었다. 별안간 할아버지가 껄껄껄 웃었다.

"나는 말이야, 이티(ET) 할아버지야. '이미 타 버린 사람'이란 뜻이지. 내가 원래부터 이티 할아버지였던 건 아니고, 큰 사고 때문에 온몸이 불에 타서 그래. 내 얼굴이 무섭지? 그러나 진짜 중요한 건 마음이란다."

아이들은 눈을 반짝이며 환하게 웃는 이티 할아버지를 쳐다보

앉다. 그때, 아이들을 이끌고 온 선생님이 앞으로 나서며 이티 할아버지께 인사를 했다.

"아이고, 교장 선생님. 안녕하세요?"

"예, 선생님. 애들 데리고 오시느라 고생 많으셨지요?"

"고생은요. 오는 동안 즐거웠습니다. 애들아, 두밀리자연학교 채규철 교장 선생님께 인사드리렴."

선생님의 말에 아이들이 엉거주춤 인사를 했다.

"안녕하세요?"

"그래, 나도 반가워. 그런데, 애들아! 여기는 어디지?"

"두밀리자연학교입니다."

이티 할아버지의 느닷없는 질문에 한 아이가 조금 머쓱한 표정으로 대답했다.

"자연학교란 뭘까?"

"자연스럽게 지내는 학교요!"

"그냥 신나게 노는 학교요!"

"자유롭게, 즐겁게 지내는 학교요!"

어느새 자신감을 얻은 아이들이 여기저기서 더 크게 외쳤다.

"그럼, 이 학교에 쓰레기를 버리면?"

"쓰레기 학교요!"

"만약 너희들이 이곳에 똥을 누고 간다면?"

"똥통 학교요!"

아이들은 큰 소리로 대답하면서 웃음보를 터뜨렸다.

"맞아! 다시 한번 묻겠다. 여기는 어디지?"

"자연학교요!"

"좋아! 그렇다면 지금부터 신나게 놀아 보는 거다, 알았지?"

"네에에엣!"

아이들이 일제히 입을 모아 외쳤다. 이티 할아버지는 아이들을 보고 빙긋 웃으며 물었다.

"얘들아! 너희들은 풀 베기 할 수 있어?"

"할 수 있어요!"

"그럼, 똥도 풀 수 있어?"

"웩! 똥이요?"

뜻밖의 질문에 아이들은 눈이 휘둥그레졌다.

"사실은, 똥이란 게 생각만큼 지저분한 것만은 아니란다. 똥을 더럽게 버리면 지구가 더러워지고, 똥을 안전하게 밭으로 돌아가게 한다면 똥만큼 이로운 것도 없단다. 똥을 퍼서 밭에 뿌려 두면 거름이 되는 거야. 옛사람들은 그 땅에서 잘 자란 밭작물을 캐 먹고 살았으니까 말이야. 똥을 잘 관리하면 땅도 건강해지고 농작물도 튼튼해지는 거란다. 어때? 똥 푸는 일, 한번 도전해 볼 테냐?"

"예! 해 볼게요!"

이번에는 아이들이 의외로 씩씩하게 대답했다. 맨 처음 눈살을 찌푸리던 녀석들이 이티 할아버지의 몇 마디 설명을 듣고는 곧바로 팔을 걷어붙였다. 생전 처음 잡아 보는 낫을 들고 풀베기를 하느라 땀이 송글송글 맺혔다. 어설프게 낫질을 하다 풀에 팔뚝을 베이기도 했다.

세 명씩 한 조가 되어 재래식 변소에 들어가 똥을 푸는 녀석들은 손으로 코를 싸쉬며 눈을 질끈 감았다. 똥지게를 어깨에 메고 기우뚱기우뚱 걸어가 밭고랑에 똥을 뿌리고 오는 아이들은 서로의 우스꽝스러운 꼬락서니를 보며 낄낄거렸다. 일을 다 끝낸 아이들은 개울가에서 아무리 씻어도 똥냄새가 난다며 고개를 절레절레 흔들었다.

"점심 먹어라!"

선생님이 소리쳤다. 모두들 밥이 차려진 원두막으로 뛰어갔다.

한바탕 땀을 흘려서 그런지 친구들과 둘러앉아 먹는 밥은 꿀맛이었다.

아이들은 이제 누가 설명하지 않아도 자연스레 알게 되었다. 자신들이 싼 똥을 스스로 치우며, 그것을 밭에다 거름으로 주는 일이 얼마나 귀한 일인지를. 이티 할아버지가 농담 비슷하게 두밀리자연학교를 똥통 학교라고 불렀지만, 알고 보니 그게 하나도 이상한 일이 아니라는 사실을.

숲속에 자리한 두밀리자연학교는 도시의 학교와는 모든 것이 달랐다. 우선 숙제가 없었고, 골치 아픈 공부 시간과 담임 선생님이 없었다. 운동장도, 체육 시설도 없었다. 건물 대신 평평한 곳에 세워진 텐트 몇 동만 있을 뿐이었다. 아이들이 2박 3일 동안 머무를 숙소였다. 그 옆에는 뙤약볕을 피할 커다란 천막이 쳐져 있었다. 텐트에 가방을 던져 놓은 아이들은 곧바로 물가로 몰려갔다.

"야호! 개구리 사냥 좀 해 볼까?"

한 아이가 대나무로 만든 잠자리채로 개구리를 잡겠다며 풀숲을 헤치고 다녔다.

"나는 물고기를 잡아야겠다."

어떤 아이는 바짓가랑이를 걷어 올린 뒤 개울 안을 부지런히

다니며 첨벙거렸다.

"쉿! 가재 도망갈라. 조용히 좀 해!"

또 다른 아이는 바위를 조심스레 들어 올리며 가재를 잡으려 안간힘을 썼다.

"어머! 들꽃 좀 봐. 어쩜 저렇게 예쁘게 피었지?"

개울에서 조금 떨어진 둔덕에서는 몇몇 아이들이 들꽃을 따서 머리띠를 만들기도 했다. 아이들은 계곡과 산자락, 개울 이곳저곳에 흩어져 이 모양 저 모양으로 놀면서 신나게 웃고 떠들었다. 한참 뒤, 흩어져서 놀던 아이들이 하나둘씩 이티 할아버지에게 다가와 궁금한 점을 물어보기 시작했다.

"선생님, 얘는 왜 이렇게 못생겼어요?"

한 아이가 빙금 잡은 개구리를 들어 올리면서 물었다.

"아, 배에 붉은 점이 있는 걸 보니 무당개구리구나. 무당개구리는 독이 있으니, 개구리 만진 손으로 눈을 비비면 안 돼. 알았지?"

"이크!"

아이는 설명을 듣자마자 전기에 감전된 듯 무당개구리를 냉큼 놓아 주었다. 그러고는 개울물에 뛰어들어 뽀드득 소리가 나게 손을 씻고 또 씻었다. 주변에 있던 아이들은 호들갑 떠는 친구를 보고 깔깔거렸다.

아이들은 점심을 먹고 나서도 쉴 새 없이 숲속 여기저기를 돌아다니며 관찰했다. 궁금하면 이티 할아버지께 와서 묻고, 심심하면 또 둘씩 셋씩 짝지어 다니며 놀았다. 이윽고, 건너편 불기산 등성이를 붉게 물들인 노을이 지자 어스름이 내리기 시작했다.

"불빛이다!"

술래잡기를 하던 아이 하나가 개울가에서 반짝이는 뭔가를 가리키며 말했다.

"아니야, 누가 담배를 피우나 봐."

한 친구가 소곤거렸다.

"그러지 말고, 교장 선생님께 여쭤 보자."

"그럴까?"

아이들은 모닥불을 피우고 있던 이티 할아버지에게 몰려갔다.

"교장 선생님, 아까 개울가에서 뭔가가 반짝이던데, 그게 무슨 빛이에요?"

"오, 그건 반딧불이야. 개똥벌레라고도 하지. 반딧불이는 빛을 내면서 짝짓기를 한단다. 그러니 반딧불이에게 손전등을 비춰서

는 곤란하겠지?"

"아하, 그렇구나."

아이들은 궁금증이 풀리자 엉뚱한 질문을 했다.

"그런데요, 선생님. 선생님은 언제 다치신 거예요?"

이티 할아버지는 모닥불을 한참 동안 말없이 바라보다가 천천히 입을 열었다.

"응, 그게 말이다. 꽤 오래전 일이었지······."

이티 할아버지는 마치 모닥불 너머의 어둠 속에게 말하듯이, 나직이 이야기를 시작했다. 모닥불이 타닥타닥 타들어 가는 소리와 함께 너울너울 불꽃이 춤을 추었다. 아이들은 저도 모르게 침을 꼴깍 삼키며 귀를 기울였다.

함흥

한반도의 북쪽, 깎아지른 봉우리들로 이루어진 낭림산맥의 동남쪽 평야지대에 아담한 마을 하나가 들어앉아 있었다. 야트막한 비백산 자락 아래 웅크린 함경남도 정평군 고산면의 모습이었다. 울긋불긋 단풍으로 물들어 가는 이 마을에 얼마 전부터 젊은이 둘이 와서 농가 일손을 돕고 있었다. 동네 사람들은 채종묵, 김죽순 두 젊은이를 칭찬하느라 입에서 침이 마를 새가 없었다.

"우리 마을의 보배들이야."

"많이 배운 총각 처녀가 도회지에 나가 출세할 생각을 하지 않고 이 촌구석에 내려와 배움터를 열고 있으니 얼마나 귀한 일이오?"

"그러게 말이오. 손마디가 거칠어지도록 일을 하면서도 뽐내는 기색마저 없으니, 참으로 고맙고 기특한 일이 아닐 수 없구려."

채종묵과 김죽순은 동갑내기였다. 함흥의 영생고등학교와 영생여자고등학교 2학년 때 이 마을에서 농촌 봉사 활동을 하면서 처음 만났다. 두 학교에서 운영하는 LG(Love Group) 클럽의 회원이기도 한 두 사람은 모내기와 김매기, 마을 청소를 하면서 부쩍 친해졌다. 달 밝은 밤, 채종묵은 김죽순에게 집안 이야기를 꺼냈다.

"우리 아버지는 여러 교회를 다니면서 목회 활동을 하는 순회 전도사로 일하고 계셔. 집 밖에 계실 때가 많은 편이지. 어머니는 식당을 차려서 우리 일곱 남매를 다 키우셨어."

"정말? 종묵이 어머니는 정말 대단하신 분이다."

이런저런 이야기를 나누는 동안 두 사람은 서로에게 강하게 이끌렸다.

그 뒤, 신학대학을 나란히 졸업한 두 사람은 선교와 교육이라는 뜻을 펼치기 위해 마을에 다시 찾아왔다. 채종묵은 고산면사무소에서 일하면서 저녁에는 사랑방에서 야학을 열었다.

돈이 없어 학교에 다니지 못하는 마을 아이들이었지만 배움의 열기는 뜨거웠다. 일제의 감시를 피해 한글과 산수, 조선의 역사를 가르치는 일은 늘 조마조마했다.

"얘들아, 오늘은 이 고장 사람들의 자랑스러운 발자취에 대해 얘기해 줄게. 일본 놈들이 우리나라를 집어삼키려고 조선의 군대를 없애려 할 무렵, 함경남도 북청에서 태어난 김운로라는 분이 의병을 모아 일본 군대와 맞서 싸우다가 돌아가셨단다. 또, 그 무렵에 김우선, 김예각이라는 분도 정평에서 의병을 일으켜 싸웠어. 기미년 삼일운동 때에도 이 고장 사람들은 떨쳐 일어났지. 3월 7일, 정평읍 장터에서 기독교인들과 천도교인들이 앞장선 가운데 온 동네 사람들이 쏟아져 나와 만세를 불렀단다. 잊지 말아라. 역사를 모르면 우리에게 미래가 없다는 것을!"

"예, 알겠습니다, 선생님!"

아이들은 초롱초롱한 눈을 빛내며 힘차게 대답했다. 그 모습을 바라보던 채종묵과 김죽순의 가슴속에서도 뜨거운 것이 치밀어 올랐다. 두 사람은 마음속으로 빌고 또 빌었다.

'부디 이 아이들이 자라나 조선의 독립을 이루는 사람들이 되게 해 주소서.'

야학을 이어 가던 채종묵과 김죽순은 곧 결혼식을 올렸고, 두 사람 사이에 축복처럼 첫아이가 태어났다. 1937년 10월 10일이었다.

"여보! 우리 아이 이름을 별 이름 규, 밝게 빛날 철, 규철로 지었소. 어떻소?"

"규철, 별처럼 밝게 빛나라는 뜻이군요. 멋진 이름이에요."

아버지 채종묵이 활짝 웃으며 말하자, 어머니 김죽순은 행복한 표정을 지었다.

규철의 나이 두 살 때, 아버지 채종묵은 교사를 뽑는 시험에 합격하여 신북청소학교의 선생님이 되었다. 그 이듬해에는 함흥 영생소학교로 근무지를 옮겼고, 전도사 일도 함께 했다. 몇 해가 흐르는 동안 규철 밑으로 여동생 혜영과 남동생 규웅, 규용, 규황이 차례로 태어났다. 어머니는 살림하랴, 젖먹이 막내를 키우랴 눈코 뜰 새가 없었다. 할아버지와 할머니 역시 규철을 비롯해 손주들을 돌보느라 분주했다.

"어이구, 우리 큰손자! 이것 좀 먹어 보렴."

할아버지와 할머니는 맏손자라며 규철만을 귀여워했다. 맛있는 것이 있으면 맨 먼저 갖다 줄 정도였다. 이 때문에 고집이 센

규철은 버릇마저 없어졌다. 어머니는 새벽마다 교회에 가서 찬 마룻방에 무릎을 꿇고 큰아들을 위해 마음을 다해 기도했다.

그 무렵, 태평양전쟁을 일으킨 일제는 조선의 청년들과 어린 소녀들까지 전쟁터로 끌고 갔다. 일본군이 연합군에 밀리기 시작하면서부터 물자는 더욱 귀해져 갔다. 벼랑 끝까지 몰린 일본은 칼 찬 순사들을 풀어 농촌 곳곳에서 노골적으로 공출 작전을 벌였다.

"대일본제국 천황 폐하를 위하는 일이다! 쌀이든 보리든 집에 있는 걸 모조리 가져와라! 놋숟가락도 좋고 놋요강도 좋으니 숨기지 말고 다 가져와라!"

일본 순사들은 눈에 띄는 것은 무엇이든 빼앗아 갔다.

참으로 모진 세월이 흐르던 어느 날, 라디오에서 지직거리는 소리와 함께 일왕이 항복 성명을 발표했다.

"일본이 패망하고 연합국이 승리했다! 만세! 대한독립 만세!"

"만세 만세 만만세! 대한 독립 만만세!"

일본의 항복 사실을 알게 된 흰옷 입은 수많은 사람들이 큰길로 뛰쳐나와 만세를 부르기 시작했다. 보통학교(초등학교) 1학년이던 규철도 어른들과 함께 만세를 불렀다.

"마침내 지긋지긋한 일제의 사슬에서 벗어났구려."

"여보! 이게 정말 꿈은 아니겠지요?"

아버지와 어머니는 서로를 얼싸안으며 감격의 눈물을 흘렸다.

얼마 뒤, 아버지는 학교를 그만두고 전도사 일에만 매달렸다. 변변한 수입마저 없어지자 살림살이가 힘겨워졌다. 아버지는 어머니와 머리를 맞대고 의논했다.

"여보, 과수원을 해 볼까 하오. 당신 생각은 어떻소?"

"좋아요. 당신 뜻에 따르겠어요."

어머니의 대답에 힘을 얻은 아버지는 함흥에서 십 리쯤 떨어진 경흥리의 땅을 사서 과수원을 시작했다. 처음엔 젖소를 키우다가 나중에는 돼지, 거위, 오리, 닭까지 키웠다. 경흥리 집은 개를 비롯한 온갖 동물들의 울음소리와 똥오줌 냄새로 북새통이었다. 그러거나 말거나, 규철은 학교에서 돌아오면 책가방을 던져 놓고 밖으로 뛰쳐나가곤 했다.

"규철아, 놀자!"

실컷 놀다가 들어와 점심을 먹다가도, 친구가 부르면 냉큼 달려 나가기 일쑤였다. 함박눈 맞으며 산토끼 몰기, 얼음판 위에서 썰매 타기, 냇가에서 가재 잡기, 풍뎅이 잡아서 뒤집어 놓기. 모

든 게 재미있었다. 동네 아이들과 더불어 놀다 보면 금세 해가 뉘엿뉘엿했다.

"규철아! 밥 먹자!"

어머니가 동네 골목을 다니며 부를 때에야 흙투성이가 되어 돌아오곤 했다. 학년이 올라가도 마찬가지였다. 규철은 날마다 들로 산으로 쏘다니며 해지는 줄 모르고 노느라 바빴다. 남달리 교육열이 높았던 어머니는 기어이 매를 꺼내 들었다.

"이 녀석아! 숙제는커녕 책 한 줄 읽지 않으니, 대관절 커서 무엇이 될래?"

회초리로 아들의 종아리를 때리면서 어머니는 입술을 깨물었다. 하지만 규철은 다음 날이면 새로운 놀이를 찾아 또다시 사립문을 나섰다. 누가 용감한지 내기하자며 동무들과 땅벌 집을 쑤시다가 벌에 쏘이질 않나, 수박 서리 가서 속만 파먹다가 주인에게 들켜 볼이 얼얼해지도록 따귀를 맞질 않나……. 어머니는 그런 아들을 볼 때마다 가슴이 미어졌다.

그러던 어느 새벽녘, 규철은 잠결에 어머니의 기도 소리를 들었다.

"하나님! 우리 규철이가 이 나라를 구할 모세가 되게 하소서."

그때, 어슴푸레한 창호지의 빛에 반사되어 무언가 반짝 빛나는 게 보였다. 어머니의 볼을 타고 흘러내리는 눈물방울이었다. 규철은 왠지 모를 부끄러움과 서러움이 가슴속에서 차오르는 것을 느꼈다.

눈 내리는 흥남부두

규철이 중학교 2학년이던 열네 살 여름이 시작되던 무렵, 난데없는 총소리가 마을 뒷산에서 들리기 시작했다.

"기어코 전쟁이 났네그려. 허 참, 이를 어쩌나!"

"인민군들이 남쪽으로 쳐들어갔다네. 벌써 낙동강까지 내려갔다더군."

"어쩌다가 같은 민족끼리 총을 들고 싸우게 되었을꼬!"

어른들은 혀를 차며 안타까워했다. 깊게 팬 주름살 위로 짙은 그늘이 드리웠다. 가을철에 접어들었을 때에는 맥아더 장군의 인

인천상륙작전으로 전세가 바뀌었다. 국군과 함께 유엔군이 북쪽으로 올라오고 있었다. 아직 규철이 사는 경흥리까지는 전쟁의 소용돌이가 덮치지 않았다.

모처럼 일찍 수업이 끝난 어느 날, 같은 학년 친구들 여남은 명과 함께 집으로 가는 길이었다. 규철은 여느 때처럼 장난기가 발동해 친구 등을 몰래 툭 치고 냅다 뛰었다. 친구는 규철을 잡는다며 달음박질쳤다. 그러다가 둘은 앞서 오는 소달구지에 부딪칠 뻔했다. 딸랑, 워낭 소리가 등 뒤에서 들렸다.

"이 녀석들, 조심들 하거라."

밀짚모자를 쓴 감나무집 아저씨가 혀를 끌끌 찼다. 규철이 계면쩍게 웃으며 뒷머리를 긁적일 때, 한 친구가 외쳤다.

"쌕쌕이가 떴다!"

아이들은 미군 폭격기 B29를 쌕쌕이라 불렀다.

"어디?"

맞은편 산비탈 위로 깨알만 한 점이 보였다. 그것은 이내 콩알만 해지더니 금세 수박만큼 커졌다. 순식간에 다가온 B29가 공중에서 폭탄을 연달아 떨어뜨렸다.

"빨리 피해!"

규철은 아이들과 함께 논둑길 아래로 후다닥 뛰어내려 움푹한 곳에 머리를 감싸며 웅크렸다.

"콰앙!"

엄청난 폭발음이 들렸다. 고개를 들어 보니 산산조각 난 달구지 위로 소와 농부가 피를 철철 흘리며 나뒹굴고 있었다. 불붙은 채 너덜거리는 밀짚모자 위로 흙먼지와 연기가 자욱했다. 등골이 서늘했다. 흙투성이가 된 규철과 친구들은 누가 먼저랄 것도 없이 달리기 시작했다. 이마 위로 땀이 비 오듯 흘러내렸다.

"엄마! 엄마!"

규철은 집에 도착하자마자 다급하게 어머니를 불렀다. 안방에도, 부엌에도 식구들이 보이지 않자 덜컥 겁이 나서 마당을 한 바퀴 돌아 뒤꼍으로 갔다. 그때, 텃밭 한 귀퉁이에 세워진 헛간 문이 삐그덕 열리더니 머릿수건을 쓴 어머니가 조심스레 고개를 내밀었다. 그 뒤로 할아버지, 할머니의 퀭한 눈이 보였다.

"규철아!"

어머니가 달려와 와락 끌어안았다.

"어디 다친 데는 없고?"

규철은 고개를 끄덕였다.

"사방에서 폭탄이 터지니 정신이 하나도 없더구나. 우리는 뒤란에 숨어서 너 오기만을 기다렸단다."

할아버지와 할머니도 가까이 다가와 규철의 손과 등허리를 쓸어내렸다. 손길이 떨렸다.

"엄마. 방금…… 쌕쌕이가 떨어뜨린 폭탄에 감나무집 아바이가…… 돌아가셨어요."

"저런!"

어머니는 입을 틀어막으며 눈을 동그랗게 떴다. 고개를 숙인 규철의 눈에서 눈물이 비어져 나왔다.

"에구, 쯧쯧. 평생 농사밖에 모르던 사람인데, 참 안됐구먼."

할머니가 혀를 끌끌 찼다.

"휴! 전쟁이 웬수로구나."

할아버지는 한숨 쉬듯 말한 뒤, 먼 산만 쳐다보았다.

땅거미가 질 무렵 함흥에서 돌아온 아버지가 할아버지랑 마주 앉았다.

"그래, 지금 전황은 어떠냐?"

"모든 게 불안합니다. 피난을 가야 합니다."

"아니다. 더 지켜보고 결정하자."

할아버지가 뜻밖에도 강하게 반대하자 아버지는 어머니랑 규철, 동생들에게 당분간 경흥리 집에 머물러 있어야 한다고 말했다.

불안한 나날들이 흘러가는 동안 전쟁은 더욱 치열해졌다. 날마다 온 천지를 부숴 버릴 듯한 포성이 울렸다. 엎치락뒤치락하던 끝에 국군과 유엔군이 북쪽을 점령했다. 이대로 전쟁이 거의 끝나는 듯싶었다.

가을이 깊어 갈 무렵, 어마어마한 숫자의 중공군이 쳐들어왔다. 북쪽을 차지했던 국군과 유엔군은 중공군에 밀리다가 후퇴를 결정했다. 그해 겨울, 아버지는 가족들과 함께 남쪽으로 피난을 떠나기로 결심했다.

"지금 흥남 항구에 미군 배가 피난민을 실어 나르기 위해 정박해 있어요. 우리도 빨리 출발해야 합니다."

하지만 할아버지와 할머니는 이번에도 고개를 흔들었다.

"늙은 우리는 과수원과 동물들을 지키고 있으마. 우리 걱정은 말고 아이들을 데리고 가거라."

"어찌 저희들만 가라고 하십니까? 그럼, 저희들도 여기 있겠습니다."

"아니다. 전쟁은 곧 끝날 것이니 걱정 말고 다녀오너라."

"알겠습니다. 석 달 후에 꼭 다시 오겠습니다."

"할머니, 할아버지! 안녕히 계세요."

규철도 동생 손을 잡고 꾸벅 절을 한 뒤 문을 나섰다.

함흥으로 가는 도로는 막혀 있었다. 곳곳에 총을 든 미군들이 지키고 있었다. 규철네 식구는 산길로 올라갔다. 날이 어둑어둑해지자 산길은 피난민들로 넘쳐 났다. 간신히 함흥역 앞에 도착했지만 미군 헌병들은 빨간 딱지를 갖고 있는 사람들만 역으로 들여보냈다. 규철네처럼 빨간 딱지를 받지 못한 대부분의 사람들은 이리저리 밀리면서 어떻게 해서든 역으로 들어가려 북새통을 이루었다.

함흥에는 기독교 신자들이 꽤 많았다. 빨간 딱지를 갖고 있던 목사가 가족들과 함께 열차를 타고 먼저 떠났다. 빨간 딱지를 받지 못한 청년 신자들은 걸어가기로 했다. 함흥과 흥남 사이에는 호령천이 흐르고 있었다. 그 위에 세워진 연대교라는 다리 위에서 또 미군 헌병들이 막아섰다.

"빨간 딱지가 없으면 통과할 수 없다!"

"우린 흥남으로 가야 합니다. 지나가게 해 주십시오."

"안 돼! 모두 체포해라!"

헌병들은 실랑이를 벌이는 청년들을 모두 잡아다 형무소에 넣어 버렸다. 간신히 빠져나온 다른 청년 신자에게서 이 사실을 전해 들은 아버지는 어머니 손을 잡으며 말했다.

"당신은 애들 데리고 산길로 해서 흥남으로 가 있으시오. 나는 할 일이 있소."

"조심하셔야 해요."

아버지는 청년과 함께 서둘러 함흥으로 다시 갔고, 어머니는 규철을 비롯해 아이들과 함께 산길로 걸어갔다.

함흥에 도착한 아버지는 먼저 미 10군단 군종목사인 채를린 보켈(한국 이름 옥호열) 목사를 만났다.

"보켈 목사님! 감옥에 갇힌 청년 신자들을 구할 수 있게 도와주십시오."

"오! 그런 일이 있었군요. 빨리 갑시다."

세 사람이 함흥 형무소에 도착하니, 군인들은 이미 떠나고 없었다.

"빨리 나오시오! 보켈 목사님이 여러분을 구하러 오셨소."

아버지는 묵직한 돌멩이로 자물쇠를 깨고 청년 신자들을 구해 주었다. 새벽 5시경, 보켈 목사의 도움으로 아버지와 청년들은 함흥역에 가서 흥남역으로 가는 마지막 열차에 오를 수 있었다. 피난민들이 지붕 위까지 빼곡히 들어찬 열차 한 구석에는 함흥에서 교사를 지낸 아동문학가 강소천도 함께 타고 있었다.

한편, 아이들을 데리고 흥남부두에 도착한 어머니는 살을 에는 눈보라를 맞으며 아버지를 기다렸다. 미군은 함흥에서 철수하면서 연대교를 폭파했고, 밀려오는 중공군과 인민군을 저지하기 위해 폭탄을 쉴 새 없이 퍼붓고 있었다. 지옥이 따로 없었다.

"여보! 규철아! 배가 왔다!"

매서운 추위 속에서 떨고 있을 때, 아버지의 목소리가 들렸다.

"아버지!"

규철은 아버지의 품에 안겼다. 이미니와 규철, 동생들을 감싸 안은 아버지의 품은 따뜻했다.

12월 21일, 규철네 가족은 천 명의 피난민과 함께 미군 상륙정을 탔다. 바닷가에는 수많은 피난민들이 따개비처럼 다닥다닥 붙어서 아우성을 치고 있었다. 상륙정을 미처 타지 못한 군인들, 솥단지와 짐 보퉁이를 머리에 인 피난민들은 한데 뒤섞인 상태로 허리까지 차오르는 바닷물을 헤쳐 가며 부두 멀리 정박해 있는 커다란 배를 향해 필사적으로 다가가려 애를 썼다.

"모두 태워라!"

마침내 미 10군단 사령관 알몬드 장군이 명령을 내렸다. 바닷물에 뛰어들어 사투를 벌이던 군인들과 피난민들 모두가 7천 톤급 미국 화물선 메러디스 빅토리아호에 무사히 올랐다. 만 명을 태울 수 있는 이 배에 1만 4천 명의 피난민이 탔다. 작은 배, 큰 배, 고깃배, 함정 모두 193척에 이르는 배들이 병력 10만 5천 명과 피난민 9만 8천 명, 그리고 막대한 연료와 탄약을 싣고 부두를 떠났다.

쿠쿵! 콰콰콰콰쾅!

배가 물살을 헤치고 먼바다로 나아갈 무렵, 미군이 흥남 항구를 폭파시켰다. 방금 전까지 사람들로 가득 찼던 헛간과 건물들에서 시뻘건 불기둥과 거무스레한 연기가 연신 치솟아 올랐다. 거대한 폭발음과 진동이 뱃전에까지 느껴졌다. 동생들은 어머니의 치마폭에 얼굴을 묻었고, 규철은 아버지의 손을 꼭 쥐었다. 차가운 겨울 바다 위로 어지러운 눈보라가 끝도 없이 휘몰아쳤다.

지세포

흥남부두를 떠난 지 사흘 만에 피난민을 태운 메러디스 빅토리아호는 부산항에 도착했다. 미군이 피난민들을 막 내려 보내려는데, 부두에서 거친 함성이 들렸다.

"여기는 이미 피난민들로 넘쳐 나니 다른 곳으로 가시오!"

부산에 먼저 와 있던 피난민들이 항구에 떼로 몰려와 거칠게 막아섰다. 이들의 거센 항의 때문에 선장은 배를 남쪽으로 돌려 항해를 하다가 거제도의 장승포 항에 피난민들을 내려 주었다.

"여러분! 먼 길 오시느라 고생 많으셨소. 우선, 오늘은 이 근처

초등학교 교실에 머무르셔야 합니다."

 장승포 경찰서장이 부두에 마련된 나무 궤짝 위에 올라서서 큰 소리로 얘기했다. 어마어마한 숫자의 피난민들 앞에서 얼이 빠진 표정이었다. 초등학교로 안내하는 경찰들도 허둥대기는 마찬가지였다. 피난민들은 여러 교실에 나누어서 들어갔다. 두꺼운 이불 보따리를 짊어진 사람, 머리에 짐 보퉁이를 이고 어깨에는 살림살이를 메고 걷는 사람, 등에 아이를 업고 가는 아낙네, 양손에 가방을 하나씩 들고 어른들 뒤를 따라가는 귀마개 쓴 아이들……. 까까머리 규철도 그 아이들 가운데 하나였다. 골목과 들판을 가득 메운 부스스하고 초라한 행렬은 마치 개미굴에 들어가는 개미들처럼 바글바글했다.

 "휴! 정말 많기노 많구나."

 어머니가 끝없이 이어지는 사람들을 뒤돌아보며 혼잣말을 했다. 규철네 식구는 책걸상이 말끔히 치워진 어느 교실로 안내되었다. 작은 교실 안으로 수많은 사람들이 꾸역꾸역 들어갔다. 나중에는 어깨와 어깨가 맞닿아 숨쉬기가 힘들 정도였다.

 "어? 경찰이 왜 안 가고 지키고 서 있을까요?"

 한밤중이 되었을 때, 교실 밖을 내다보며 고개를 갸우뚱거리던

규철이 아버지께 물었다.

"응, 그건 말이야. 우리가 북쪽에서 피난 온 사람들이라서 지키고 있는 거란다."

아버지는 목소리를 낮추어 설명해 주었다.

"그게 아니지. 이북 사람들을 빨갱이처럼 의심해서, 우리가 행여 무슨 나쁜 짓이라도 벌일까 봐 보초를 서는 거야. 엥이!"

옆에 있던 중늙은이 하나가 참견하면서 못마땅하다는 듯이 혀를 끌끌 찼다. 다른 피난민들과 마찬가지로, 규철네 식구들은 경찰이 건네준 담요로 몸을 휘감은 뒤 모로 누웠다. 낯설고 불편한 곳이어서 오히려 눈이 말똥말똥해졌다. 마룻바닥에서 올라오는 차가운 기운 때문에 여기저기서 볼멘소리들이 터져 나왔다. 규철은 밤새 추위에 시달리며 이를 딱딱거리다가 새벽녘에야 겨우 풋잠이 들었다.

이튿날, 유리창으로 겨울 햇살이 눈부시게 쏟아져 들어왔다.

"자, 다들 일어나세요. 이 근처 교회에서 크리스마스 떡국을 차려 놓았으니 빨리 먹으러 갑시다."

경찰이 교실마다 돌아다니며 사람들을 밖으로 나가게 했다.

"크리스마스 떡국?"

"가만, 그러고 보니까 오늘이 크리스마스로군."

여기저기서 기지개를 켜듯 한마디씩 내뱉으며 자리를 털고 일어섰다. 규철네 식구도 교회로 가서 떡국 배급을 받았다. 국물에서 김이 모락모락 올라왔다. 사흘 동안 배를 타고 오느라 제대로 먹지도 못한 사람들은 걸신들린 듯이 떡국을 먹기 시작했다. 후루룩 후루룩, 뜨거운 국물을 후후 불어 마시는 동안 규철은 떡국이 세상에서 가장 맛있는 음식일 거라고 생각했다.

"다 먹었으면 지세포로 출발하시오!"

경찰이 명령하듯 말한 뒤 호루라기를 불었다. 호르르르르, 소리가 길게 이어지자 사람들은 보이지 않는 끈에 묶여 있는 것처럼 천천히 앞으로 움직였다.

우마차도 없이 들길과 산길을 걷고, 바닷길과 논둑길을 지나 내와 강을 가로지른 끝에 지세포에 도착하니 캄캄한 밤이었다. 이곳이 앞으로 피난민들이 터를 일구고 살아야 할 정착지였다.

거제도는 끝도 없이 밀려오는 피난민들로 아우성이었다. 흥남에서 내려온 10만 명 말고도 부산에서 온 피난민 5만 명까지 합쳐 피난민 수가 무려 15만 명에 달했다. 거제도 인구 10만 명을 훌쩍 뛰어넘는 사람들이 뒤섞이다 보니, 잠잘 곳부터 걱정이었다. 운 좋은 사람들은 원주민들의 창고나 골방에 세 들어 살 수 있었다. 많은 사람들은 마을의 널찍한 곳이나 산자락 귀퉁이에 움막을 짓고 살았다. 가마니로 대충 막아 놓은 벽으로 살을 에는 북풍이 숭숭 들어왔다.

"판잣집이라도 지어야겠군."

아버지는 이렇게 말한 뒤, 산에서 잘라 온 나무로 기둥을 세웠다. 어머니와 규철, 동생들까지 힘을 합쳤다.

"품앗이하러 왔소."

수수깡을 얼기설기 엮어서 지붕과 벽을 만드는 동안, 다른 피난민들이 와서 도와주었다. 집짓기가 끝나자 아버지도 이웃을 도와주었다. 다 같이 여러 날 동안 함께 밥을 먹고 함께 나무와 수수깡을 나르고 집 짓는 일을 하느라 힘을 쏟았다. 수많은 사람들이 힘을 합친 결과는 놀라웠다. 공터에서 산자락에 이르기까지 몇 달에 걸쳐 피난민들의 집단 거주지가 세워졌다.

"규철아, 배급 타러 가자."

어머니는 규철을 데리고 쌀을 타기 위해 마을 공터에서 줄을 서곤 했다. 배급 쌀은 식구들이 먹기엔 양이 부족했다. 하루 세

끼는커녕 두 끼를 먹거나 한 끼로 만족해야 할 때가 많았다. 배가 고프면 물로 허기를 채웠다.

"채종묵 선생님! 거제도에 세워진 저희 분교의 교장을 맡아 주시겠습니까?"

어느 날, 부산으로 피난 와 있던 서울 대광중고등학교에서 나이 든 사람이 찾아와 정중히 부탁을 했다.

"예, 최선을 다하겠습니다."

교장이 된 아버지는 바닷가 모래밭에 자리 잡은 학교를 둘러보았다. 가장 먼저 한 일은 미군들에게서 얻은 군용 천막을 둘러치고 가마니를 깔아 교실을 만든 것이었다. 아버지는 교장이라고 거드름 피우지 않고 학생들을 직접 가르쳤다. 수소문 끝에 함흥에서 농촌 운동을 함께했던 사람들을 다시 불러 모아 교사 일을 맡겼다. 규철도 이곳에서 다시 중학교 공부를 시작했다.

생활력이 강했던 어머니는 시장에서 병아리를 사다가 교사들에게 나눠 주며 말했다.

"쥐꼬리만 한 월급으로는 먹고살기 어려울 거예요. 이 병아리가 어미 닭으로 잘 크면 알을 낳을 테니, 그때 시장에 내다 팔아서 살림에 보태도록 하세요."

어머니는 정평군 고산면에서 농촌 봉사 활동을 하던 경험을 바탕 삼아 교사 부인들에게 수놓는 법도 가르쳐 주었다. 여러 날에 걸쳐 정성껏 수를 놓아, 어느 정도 모아지면 부산으로 갖고 가서 팔았다. 비록 푼돈이나마 교사 부인들에게 골고루 나눠 주면 말할 수 없이 뿌듯했다. 얼마 뒤, 베 짜는 공장까지 차린 어머니는 피난 온 아주머니들을 데려다 공장에서 일하게 했다. 전쟁 중이라 한 푼이 아쉬운 터에 공장에서 받는 월급은 아주머니들의 따뜻한 밥과 국이 되었다.

몇 년 뒤, 규철은 서울 대광중고등학교 분교에서 중학교를 졸업하고 장승포의 거제고등학교에 입학하였다. 놀기 좋아하던 습관도 없어지고 차분해졌으며, 공부도 착실하게 했다.

"넌 장래 희망이 뭐니?"

어느 날 오후, 규철이 몇몇 친구들과 함께 지세포 해변에 앉아 있을 때 한 친구가 불쑥 물었다.

규철은 잠시 생각에 잠기더니 바닷물 위로 서서히 번지는 노을을 바라보며 말했다.

"나는 농부가 되고 싶어."

"기독교를 믿는 집안이라서 신학교에 갈 줄 알았는데, 뜻밖인 걸."

옆에 있던 친구는 의외라는 듯한 표정으로 쳐다보았다.

"할아버지 때부터 나까지 삼 대가 기독교 집안이지만, 목회는 나한테 맞지 않아. 우리 부모님은 원래 농촌 운동을 하셨어. 어릴 때 그 이야기를 듣고 난 뒤, 나도 농촌 운동을 하면 좋겠다는 생각을 하곤 했지. 그런데 농촌 운동은 좀 거창하고, 그냥 농부가 되고 싶을 뿐이야."

"아무튼 놀라운데?"

"중학교 입학 면접시험을 볼 때 내가 뭐라고 했는 줄 아니?"

"뭐라고 했는데?"

"장래 희망이 뭐냐고 묻기에, 농부가 되고 싶다고 했어. 그랬더니 면접시험관과 그 옆의 선생님들까지 모두 박장대소를 하더라."

"그럴 만도 했겠다. 보통 경찰이나 선생님, 의사가 꿈이라고 말하는 걸 좋아하잖아."

"근데 나는 진지했어. 고향 경흥리에서 자라면서 농사짓는 일이 가장 소중한 것이라고 느꼈으니까. 나도 커서 부모님처럼 살

아갈까 해."

　이렇게 말하고 나니, 규철은 푸르게 일렁이는 고향의 보리밭이 눈앞에 보이는 것처럼 아늑하고 편안한 마음이 들었다. 해는 어느덧 서산마루로 숨어 버렸고, 이내 밤바다에 어둠이 드리우고 있었다. 철썩이는 파도 소리가 귓가를 간지럽혔다. 해변 모래사장 위에 누워 하늘을 바라보니, 잔별들이 속삭이는 듯 반짝거리고 있었다.

서울 유학

"규철아! 우리 서울로 가서 공부해 볼까?"

거제고등학교에 입학한 그해 봄, 학교 운동장을 함께 걷던 친구가 뜻밖의 말을 했다.

"서울?"

"그래. '말은 제주도로 보내고 사람은 서울로 보내라'는 속담도 있잖아."

"서울 가서 공부하려면 돈도 많이 들 텐데."

친구의 말은 그럴 듯했지만 걱정부터 앞서는 게 사실이었다.

"고학을 하면 되지."

친구는 규철의 어깨를 탁 치면서 뭐가 걱정이냐는 투다.

"고학?"

"신문 배달도 하고, 공사장에 나가서 벽돌도 나르면서 학비를 벌면 될 거 아냐."

"그게, 말처럼 쉽게 될까?"

"짜식, 너처럼 공부 잘하는 애일수록 서울로 가야 돼. 그래야 넓은 세상에서 더 큰 일을 할 수 있어. 나는 이미 결심이 섰다. 머지않아 서울로 튈 거야."

친구는 이렇게 말한 뒤, 숙제할 게 있다며 총총히 사라져 갔다.

'서울이라.'

규철은 괜히 운동장을 세 바퀴나 돌면서 생각해 보았다. 거제도에 남아서도 못할 일은 없었다. 하지만, 변화 없는 생활 속에 갇힐 것만 같았다.

'말은 제주도로 보내고 사람은 서울로 보내라.'

친구가 들려준 옛말을 입 안에서 수없이 굴려 보았다. 왠지 자신을 위해 준비된 말처럼 여겨졌다.

규철은 친구의 말을 곱씹어 보면서 며칠을 고민했다. 거제에

남을 것인가, 서울로 전학 갈 것인가. 어떤 선택을 하는 것이 더 나은 삶을 사는 것인지 궁리를 거듭했다.

'그래. 서울 가서 공부하면 아무래도 더 많은 사람들과 만나게 될 거고, 경험의 폭도 더 넓어질 거야. 보고 듣는 게 많아지고 배움이 깊어지면 농촌에서 일할 때 쓰임새도 훨씬 많아지겠지.'

문득 앞날에 닥칠 어려움을 미리 걱정할 필요가 없겠다는 깨달음이 들었다. 눈앞에 드리운 안개가 비로소 걷히는 듯했다. 불투명한 미래이지만 도전해 보는 것도 나쁘지 않을 거라는 믿음이 들어서였다. 규철은 친구를 만나 서울 갈 약속까지 잡았다.

그날 밤, 느지막하게 집으로 돌아와 부모님께 속마음을 털어놓았다.

"아버지! 저, 서울 가서 공부하고 싶습니다."

"뭐? 우리 살림살이가 빤한데, 너를 서울까지 보내 공부시킬 돈이 어디 있느냐?"

"돈 걱정은 마세요. 제가 어떻게든 학비를 벌어 볼 테니까요."

"학생인 네가 무슨 수로 돈을 벌어? 서울은 무서운 곳이야. 다시는 그런 소리 하지 마!"

"그래도 저는 갈 겁니다."

규철은 다짐하듯 말하고는 장롱에서 이불을 꺼내 보자기로 쌌다.

"그만두지 못해?"

아버지가 소리를 버럭 지르더니, 이불 보따리를 홱 빼앗아 버렸다. 규철은 속이 상했지만 더 이상 대꾸하지 않고 자기 방으로 돌아왔다. 불도 켜지 않은 방에 어둠이 서서히 내려앉았다. 헝클어진 마음을 달래면서 뜬눈으로 지새웠다.

며칠 뒤, 친구랑 약속한 날이 밝았다. 규철은 아침 일찍 일어나 아버지께 인사를 드렸다.

"아버지, 오늘 친구랑 서울 갑니다."

아버지는 돌아앉아 벽만 쳐다보고 있었다. 윗목에는 이불 보따리가 놓여 있었지만 규철은 손도 대지 않고 맨몸으로 집을 나섰다. 부두로 걸어가면서도 마음이 고르지 못했다. 막 배를 타려 하는 순간, 뒤에서 어머니가 불렀다. 이불 보따리를 머리에 이고 뛰어오느라 숨찬 목소리였다.

"규철아!"

"어머니!"

"이거, 갖고 가거라. 아버지가 너 잘되라는 뜻으로 나무란 것이니, 너무 언짢게 생각 말거라."

어머니가 이불 보따리를 건네주며 손을 잡아 주었다. 배에 올라탄 규철은 멀어져 가는 부두를 오래오래 바라보았다. 어머니의 따뜻한 손길, 다정한 눈길을 되새김질하듯 떠올리자 아버지에 대한 미움도 조금 누그러졌다.

서울은 아버지가 홧김에 말한 그대로 '무서운 곳'이었다. 눈을 감아도, 눈을 떠도 코 베어 가는 곳이었으며, 고생길이 환히 열린 곳이었다. 돈이 없으면 살 수 없는 곳이 바로 서울이었다. 서울 대광고등학교에 편입한 규철은 학비를 벌기 위해 닥치는 대로 일을 했다. 말이 씨가 된다더니, 진짜로 공사장에서 벽돌을 나르는 막일을 했고 신문 배달이며 고물 수집까지 여러 일을 해야만 했다. 허리가 휘도록 일을 해도 하숙비와 등록금, 책값 따위를 내면 손에 쥐는 것은 몇 푼 되지도 않았다. 아니, 늘 돈이 부족해 허덕여야만 했다.

"그래도 시골에서 서울로 올라와 고등학교를 다니고 있으니 얼마나 대견한 일이냐!"

규철은 친구랑 가끔 위로 삼아 이런 말을 하면서 힘을 내곤 했다.

"하긴, 이렇게 힘들게 고학하면서 농촌을 위해 한 몸 내던지겠

다고 말하니 너도 참 대단한 놈이다. 하하."

친구는 오히려 규철을 칭찬하면서 크게 웃었다. 그날따라 둘의 웃음소리가 하숙집 담벼락을 들썩였다.

어렵게 공부하며 대광고등학교를 졸업한 뒤, 둘은 대학 시험을 쳤으나 나란히 떨어지고 말았다. 3년 내내 학비를 벌기 위해 이리 뛰고 저리 뛰느라 공부를 못한 탓이 컸다. 규철은 그동안 뒤쳐졌던 과목을 열심히 파고들며 1년을 노력한 끝에 1957년 서울시립 농과대학 수의학과에 합격했다. 농촌 운동의 꿈을 펼치기 위해서였다. 함께 막노동을 하며 하숙 생활을 했던 친구는 서울대학교 치과대학에 합격했다.

"규철아! 너는 이제부터 농촌의 향기를 실컷 마시게 되겠구나!"

"짜식! 너도 평생 남의 입 안을 들여다보면서 지내게 생겼구나!"

둘은 농담을 주고받으며 활짝 웃었다.

꿈에도 그리던 대학 생활이 시작되었지만 모든 일이 만만치 않았다. 무일푼이나 다름없는 규철에게는 새내기 대학생의 낭만이나 멋이 남의 일처럼 느껴졌다. 막막한 마음에 무작정 서대문 경서교회에 찾아가 기도부터 드렸다. 번듯한 건물 대신 천막을 쳐 놓은 교회였다. 한참 기도를 드린 뒤 일어설 무렵, 경서교회 담임목사가 잠시 보자고 했다.

"대학생인가?"

"예."

"혹시 잠잘 곳이 필요하다면 이곳에서 당분간 지내게."

담임목사는 규철이 웅얼웅얼 기도하는 소리를 우연히 듣고는 딱한 마음이 들었다고 했다.

"고맙습니다, 목사님."

규철은 감격에 겨운 목소리로 몇 번이고 고맙다는 인사를 했다. 그날부터 천막교회 한쪽에 규철의 자리가 마련되었다. 달랑 나무 침대 하나, 베개와 이불, 냄비 두 개뿐인 살림살이였지만 세상에서 가장 아늑한 보금자리였다.

"여러분의 꿈은 무엇인가?"

곤충학을 가르치던 구건 교수가 강의 시간에 질문을 했다. 아무도 답변하는 학생이 없자, 구건 교수는 스스로 말을 이어 갔다.

"농자천하지대본이라는 말을 들어 본 적 있을 거외다. 글자 그대로 농사가 천하의 큰 근본이니, 곧 농사짓는 사람이 세상의 가장 든든한 뿌리라는 뜻이지요. 우리나라는 농업 국가입니다. 농사를 귀히 여길 줄 알아야 해요. 그러니 여러분은 큰 꿈을 꾸어야 합니다. 밥이 하늘이고, 농사짓는 사람이 천하의 주인 되는 세상을 만드는 큰 꿈 말이외다."

구건 교수가 강의 시간에 들려준 이야기들은 채규철의 마음을 온통 뒤흔들어 놓았다. 구건 교수는 일제강점기에 무교회 운동을 처음으로 이끌어 온 김교신 선생의 제자였다. 그러한 까닭에 구건 교수는 늘 우리나라의 어두운 구석들에 대해 염려하는 말을 자주 했다. 정치인들이 자기 배를 불리기 위해 나쁜 짓을 할 때는 서슴없이 문제점을 지적하기도 했다.

"마음이 가난해야 천국에 들어갈 수 있어요. 그리고 농촌을 위해 청춘을 바치는 것은 아름다운 일이외다."

구건 교수의 강의를 들으면서, 채규철은 전보다 더욱 나라를 사랑하는 마음을 갖게 되었다. 또한 농촌을 위해 무엇을 해야 할 것인지에 대해 더욱 진지하게 고민하기 시작했다.

새로운 길

다음 날부터 규철은 학비를 벌기 위해 뛰어다녔다. 거제도에서 서울에 도착했을 때, 맨 먼저 눈에 띄었던 게 서울역의 지게꾼들이었다. 그 무렵엔 택시가 흔하지 않았고 요금도 비쌌다. 서울역에 내린 사람들은 대개 무거운 짐을 들고 버스 정류장까지 낑낑거리며 걷느라 비지땀을 흘려야 했다. 바로 그때 지게꾼들이 냉큼 달려와 손님이 원하는 곳까지 짐을 실어 나르던 모습이 떠올랐다.

'바로 그거야.'

규철은 천막교회 구석진 곳에 버려진 널빤지를 가져다가 망치로 못을 박았다. 멜빵까지 매 놓으니 엉성하나마 지게의 꼴이 갖추어졌다. 규철은 지게를 지고 서울역으로 가서 손님을 기다렸다. 그때 지게꾼들이 몰려와 고함을 질렀다.

"야! 썩 안 꺼져?"

"어디서 굴러먹던 놈인지 몰라도, 여긴 우리 구역이야. 우리 허락 없인 여기서 영업 못 해! 알았어?"

지게꾼들은 눈을 세모꼴로 뜨고 주먹을 코 앞에 흔들어 대며 윽박질렀다. 고약한 텃세였다. 그 지게꾼들도 모두 입에 풀칠하러 나온 가난한 사람들이었다.

"저는 대학 신입생인데요, 서대문 경서교회에서 먹고 자며 생활하고 있습니다. 학비를 벌기 위해서 나왔으니 제발 저를 쫓아내지 마세요, 네?"

규철은 사실대로 얘기했다. 사정을 다 들은 지게꾼들은 험상궂은 표정을 누그러뜨렸다. 오히려 따뜻한 말을 건네는 사람도 있었다.

"그런가? 아깐 말을 심하게 해서 미안하구먼. 새로운 지게꾼이 늘어나면 우리 손에 쥐게 될 푼돈이 줄어드니 다들 신경이 곤두

서 있다네. 잘해 보게!"

"고맙습니다!"

규철은 강의가 끝난 오후나 저녁에 서울역 앞으로 나갔다. 막상 지게꾼 노릇을 하려 하니 마음처럼 쉽지 않았다. 고참들은 귀신같이 손님을 맞이해 어느새 지게에 짐을 싣고 휑 떠나곤 했다. 규철 같은 신출내기는 멍하니 서서 언제 올지도 모를 손님을 하염없이 기다리는 일이 다반사였다.

'토끼를 길러 볼까? 고향 경흥리에서도 토끼를 길러 봤잖아. 그리고 무엇보다도 나는 농촌 운동을 해 보겠다는 사람이잖아. 좋은 경험이 될 것 같아.'

규철은 서울역 광장에 앉아 있다가 번개 같은 생각에 무릎을 쳤다.

"농촌이 살려면 논농사나 밭농사만 가지고는 안 돼."

대광고등학교 다닐 때 친구에게 숱하게 했던 말이 다시금 생각났다. 교수들도 강의 시간만 되면 농촌에서 반드시 축산을 해야 한다는 말을 귀에 못이 박히게 하였다.

2학년이 되자, 규철은 같은 학과 친구 네 명과 토끼를 기르기로 하였다. 학과장의 허락을 간신히 받은 뒤, 학교 뒤쪽에 토끼장을 마련했다. 축사 만들 돈은 학교 매점 할아버지에게 빌렸다. 규철을 비롯한 친구들이 번갈아 가며 매점 일을 해 돈을 갚아 나가기로 뜻을 모았다. 그러다가 한 친구가 군에 입대하고, 다른 친구 한 명은 어머니가 갑자기 병원에 입원하는 바람에 병간호를 한다며 그만두었다.

"결국 우리 둘만 남았네. 그렇지만 열심히 한번 해 보자."

규철은 남은 친구 김광조와 함께 흙벽돌을 쌓아서 제법 그럴 듯한 축사를 만들었다. 축사 옆에는 두 사람이 먹고 자면서 토끼를 기르기 위해 임시로 살 집까지 지었다. 규철과 광조는 토끼 새끼들을 사 넣고 자라는 모양을 지켜보았다. 한겨울에는 옷을 있는 대로 다 껴입고 임시 숙소에서 덜덜 떨며 견뎌 냈다.

3학년 가을 학기가 되었을 때, 뜻하지 않은 일이 생겼다. 추석 하루 전날, 태풍 사라호가 온 나라를 휩쓸어 버렸다. 새벽부터 무섭게 불어 닥친 태풍은 기어이 축사를 허물어뜨렸고, 안에 있던 토끼들은 모두 죽고 말았다.

"이럴 수가!"

광조랑 함께 지냈던 숙소까지 무너져 당장 지내야 할 곳마저 없어졌다. 마음먹은 대로 되는 게 하나도 없었다. 막막했다. 채규

철은 모든 것을 훌훌 털고 군대에 입대했다.

군대를 제대할 무렵, 채규철은 충남의 한 시골 학교에서 영어 선생님을 구한다는 광고를 보았다. 풀무학원 광고를 보자 채규철은 고향 집 마당에서 농민들에게 글을 가르치던 아버지 얼굴이 떠올랐다. 농촌을 살리는 길은 교육뿐이라던 부모님의 가르침이 귓가에 맴돌았고, 평생 농촌을 위해 살겠다던 자신의 꿈도 다시금 꿈틀거리는 걸 느꼈다.

1961년 1월, 몹시도 추운 날이었다. 채규철은 산굽이를 벌써 몇 개나 휘돌고 개천도 여러 번 건넜다. 충남 홍성군 홍동면의 논두렁길로 들어서자, 드디어 저 멀리 커다란 당산나무 하나가 보였다. 소박한 팔괘리 마을이 한눈에 들어왔다.

"선생님, 오시느라 고생 많으셨지요?"

풀무학원 선생님들이 채규철을 반갑게 맞아 주었다.

채규철은 농촌에서 아이들을 가르치는 것이 꿈이었다. 대학에 입학하고 농촌 봉사 활동을 나갔다가 농민들의 어려운 현실을 본 뒤부터, 가난 때문에 학교를 못 가는 아이들을 가르쳐야겠다고 다짐했었다.

풀무학원에 도착한 채규철은 아이들을 가르칠 생각에 가슴 깊은 곳에서 희망이 솟구쳐 올랐다.

"선상님! 여긴 빈집이 많아유. 낡았지만 조금만 고치면 지낼 만하실 거유."

친절한 마을 주민이 빈집 하나를 살 집으로 정해 주었다. 채규철은 고맙다고 인사한 뒤, 빗자루로 쓸고 걸레로 정성껏 닦았다. 작은 보금자리가 생겨서 마음이 든든했다.

첫 출근을 하는 날, 채규철은 말쑥하게 양복을 차려입고 학교로 갔다.

"야! 저기 봐. 우리 학교에 잘생긴 선생님이 오셨다."

"핸섬하신 분인데?"

"베레모 좀 봐. 화가처럼 보인다."

스물네 살의 채규철이 풀무학원에 첫 출근을 할 때, 마루에 나와 있던 학생들이 소곤거렸다.

교실에 들어선 채규철은 칠판에 이름을 쓰고, 자기소개를 했다.

"안녕하세요? 내 이름은 채규철입니다. 오늘부터 영어를 가르치게 된 선생님입니다. 여러분과 만나게 되어 정말 기쁩니다."

인사를 한 채규철은 머리에 쓰고 있던 베레모를 천장으로 휙

던졌다가 받았다.

"이야! 멋있다!"

어떤 아이들은 환호성을 질렀고, 어떤 아이들은 신기해했고, 어떤 아이들은 어리둥절한 표정을 지었다. 채규철은 한 아이를 교탁에 세우고는 노래를 시켰다.

"교가를 불러 주겠니?"

얼떨떨하게 서 있던 아이는 자세를 가다듬고 두 손을 배꼽쯤에서 맞잡고 교가를 부르기 시작했다.

"흰 구름 넘나드는 오소산을 보며

새 나라 새 일꾼 풀무골에 모였네."

1절 가사를 다 부르고 나니, 반 아이들이 발을 구르며 박수를 쳤다.

"야호! 잘했어!"

노래를 부른 아이는 어색하게 고개를 까딱 숙이고는 자기 자리로 돌아갔다. 그날은 반 전체 아이들이 한 사람씩 자기소개를 하느라 수업 끝종이 치는 줄도 몰랐다.

풀무학원의 교사가 되어

다음 날 수업 시간이 되자, 채규철은 칠이 벗겨진 낡은 칠판에 하얀 분필로 'Knowledge is power!'라고 썼다.

"여기에 쓴 영어 문자의 뜻은 '아는 것이 힘이다'라는 뜻이다. 알아야 언제든 다시 일어설 수 있지 않겠니? 자, 큰 소리로 따라 읽어 보자. 놀리지 이즈 파워!"

규철이 말했지만, 아이들은 낯선 글자를 신기한 듯 쳐다볼 뿐, 아무도 따라 하지 않았다. 규철은 반복 학습이 중요하다고 믿었기에 또 한 번 읽어 주었다.

"놀리지 이즈 파워!"

이번에도 역시 아무도 따라 읽는 학생이 없었다. 아예 입조차 열 생각을 하지 않자 규철은 답답한 마음이 들었다.

"번영이 네가 한번 읽어 봐라."

앞줄에 앉은 번영이는 가장 똘망똘망해 보이는 아이답게 스스럼없이 읽었다.

"지가유? 알겄시유. 놀리지 마유!"

자신 있게 읽었지만 원문과는 영 딴판이어서 다른 아이를 시켰다.

"상철아, 네가 읽어 볼래?"

상철이는 마치 기다렸다는 듯이 고개를 젖히면서 큰 소리로 읽었다.

"놀리지 마유!"

순간, 조용하던 교실은 폭죽처럼 터진 아이들의 웃음소리로 왁자지껄해졌다.

"하하하하하. 너희 둘 다 잘했다. 이제 알파벳부터 하나씩 배우자꾸나. 영어는 굉장히 중요해. 앞으로 너희들의 날개가 될 거야. 영어 공부 열심히 해라."

충남 홍성군 홍동면에 있는 풀무학원은 보통의 중등학교와는 전혀 달랐다. 초가집 방 두 칸이 교실이었고, 학생이라고 해 봐야 한 학년이 고작 서른 명도 채 되지 않았다. 교사는 네 사람뿐이었다. 여름에는 보리 한 가마니, 가을에는 벼 한 가마니가 수업료의 전부였다. 교사들은 이것을 골고루 나누어 쓰면서도 불평 한 마디 없었다.

풀무학원에 다니는 학생들은 대부분 어려운 집안 살림 때문에 정규 학교에 진학하지 못한 아이들이었다. 간혹 나이 차이가 많은 아이들이 섞여 있기도 했다.

배움에 목이 마른 까닭인지 아이들의 눈빛만큼은 그 어느 학교 학생들이 부럽지 않을 만큼 뜨겁고 진지했다. 아이들은 논에 거름을 주거나 꼴을 베다가도 수학 문제를 풀었고, 영어 단어와 시를 외우다가 궁금한 게 있으면 닭을 돌보는 채규철에게 달려가 질문을 했다.

"선생님, 윤동주의 〈별 헤는 밤〉에 나오는 북간도가 어디예요?"

"응, 북간도는 두만강 위쪽에 있는 지역이야. 얼마 전까지만 해도 우리 땅이었지."

"아, 그렇구나."

채규철은 풀무학원 아이들과 부대끼는 동안, 진정한 교육이 무엇인지 뼛속 깊이 체험했다. 교육을 통해 지역 사회를 개발하는 것이 얼마나 중요한지도 절실히 느꼈다.

"그래, 내가 젊음을 바쳐 일할 곳은 바로 여기야!"

채규철은 빈 교실에 홀로 앉아 나직이 말했다.

농촌에서는 땀 흘려 일을 해도 소득을 높이기가 어려웠다. 채규철은 대학 수업 때 들었던 두레 농업을 떠올렸다. 마을 단위로 품앗이하며 농사일을 거드는 우리네의 아름다운 풍습이었다.

'가만, 닭을 공동으로 치면서 병아리를 부화시키고, 알을 낳으면 장에 내다 팔아서 농가 소득을 높여 보는 건 어떨까?'

채규철은 마을 전체를 양계장으로 만드는 꿈을 꾸어 보았다. 양계에서 가장 까다로운 때가 부화 후 30일 동안이었다. 이때, 농민들끼리 서로 번갈아 가며 닭과 알을 돌보면 혼자 하는 것보다 훨씬 큰 효과를 거두게 된다. 알을 깨고 나온 병아리들을 여럿이서 함께 키우면 온 마을 사람들이 짭짤한 수익을 올릴 수 있는 것이다. 두레 농업을 두레 양계로 바꾸는 일은 얼마나 끈끈하게 품앗이를 하는가에 달려 있었다.

채규철은 수업 시간에 두레 양계에 대해 공들여서 설명한 다음 아이들의 의견을 물어보았다.

"얘들아, 선생님이 두레 양계를 시작하려고 하는데, 너희들이 도와주면 매우 좋은 결과를 얻을 수 있단다. 어때, 한번 해 보겠니?"

"예, 선생님!"

자세한 설명을 듣고 난 이후여서 그런지, 아이들은 뜻밖에도 선선하게 대답했다. 다음 날, 채규철은 아이들과 함께 닭을 키울 축사를 만들었다. 그런 다음 시장에 나가 닭을 사 왔다. 이 사실을 알게 된 학부모들도 뜻을 함께 모았다. 처음엔 몇 마리로 시작했던 일이, 나중에는 백 마리에서 천여 마리로 늘어났다.

"여럿이 힘을 합치니 뭔가 되는구나."

"맞아유, 선생님. 저희도 처음엔 될까 말까 의심했는데, 진짜로 되는구먼유."

아이들은 수업이 끝나면 날마다 돌아가면서 축사로 가 닭을 돌보았다. 머지않아 마당에는 노랑 병아리들이 여기저기 다니며 삐약거리는 소리가 가득 찼다. 모이를 주거나 축사로 병아리들을 몰아가는 일을 하는 동안 학부모들과 아이들은 더할 나위 없이 가까

워졌다. 이 일은 곧 이웃 마을에까지 번져서, 서로 품앗이하는 일이 잦아졌다. 마을과 마을이 점점 한 덩어리가 되어 갔다.

아이들은 오전 수업을 마치고 나면 오후에는 주로 논밭이나 들판에 가서 온갖 일들을 했다. 밭에 거름주기, 논에 가서 김매기, 돼지 먹이 주기, 교실 고치기 등도 아이들 몫이었다. 구슬땀을 흘리며 묵묵히 궂은일을 도맡아 하는 아이들의 모습이 경이로울 정도였다.

'허, 내가 오히려 저 아이들에게서 배우는구나.'

일 년이 쏜살같이 흘렀다. 채규철은 남은 대학 공부를 마치기 위해 서울로 가야 했다.

"얘들아. 선생님은 나니던 대학에 다시 들어가 졸업을 해야 한단다. 오늘 수업이 마지막이구나."

어렵게 이야기를 꺼내자, 아이들은 금세 울상이 되었다.

"선생님, 지들이 싫어서 떠나시는감유? 이대로 서울로 떠나시면 언제 오신대유? 가지 마셔유! 선생님, 진짜루 가지 마셔유!"

아이들은 숫제 가지 말라고 통사정을 했다. 헤어지는 게 섭섭해 눈이 빨개지도록 울었다.

"염려 마. 새로운 선생님 한 분이 오실 거야. 그분께 열심히 배우길 바란다."

규철은 아이들을 달래느라 엉뚱한 약속을 하고 말았다. 아이들은 그제야 울음을 그쳤다.

채규철은 서울로 가자마자 교회에서 함께 활동하던 조성례를 만나, 풀무학원의 교사가 돼 달라고 간곡히 부탁했다. 교회 봉사 활동을 같이 다니면서 사랑이 싹튼 두 사람은 결혼까지 약속한 사이였다.

"성례! 아이들이 나랑 헤어지는 것을 하도 섭섭해서 내가 그만 섣부른 약속을 하고 말았소. 미안하지만, 나 대신 풀무학원에 가서 아이들을 가르쳐 줄 수 없겠소? 부탁이오."

"조금 생각할 시간을 주세요."

고개를 숙인 채 잠자코 듣고 있던 조성례는 차분한 목소리로 말했다.

채규철은 막상 말을 꺼내 놓고도 걱정이 태산이었다. 안타깝고 미안한 마음에 길고 긴 편지를 써서 우체통에 넣었다.

"성례! 당신은 이 세상에서 나에게 가장 소중한 사람이오. 내가 너무나 힘든 부탁을 했다는 것을 잘 알고 있소. 부디, 내가 떠난 그 자리에서 아이들을 가르쳐 주기를 바라오. 일 년만 기다려 준다면, 무사히 졸업하고 나서 다시 만나러 가리다. 사랑하오, 성례!"

며칠 뒤, 약속 장소에 조성례가 나타났다. 조성례는 한결 밝은 표정으로 다가와 말없이 채규철의 손을 잡더니 채규철이 보낸 편지를 살짝 들어 올리며 고개를 끄덕여 주었다.

"고맙소. 정말 고맙소, 성례!"

채규철은 조성례의 손을 맞잡았다. 두 사람의 손이 포개어지는 순간, 표현할 길 없는 사랑의 훈훈함이 서로에게 전달되었다.

덕분에 채규철은 남은 공부를 무사히 마치고 대학을 졸업할 수 있었다. 마음이 홀가분해진 채규철은 그리운 풀무학원으로 다시 돌아갔다. 두 사람은 서둘러 결혼식을 사람들에게 알렸다.

"채규철 선생님! 우리 조성례 선생님을 뺏어 가지 마셔유!"

"일 년 전에는 서울로 떠나지 말라고 울며불며 소맷자락을 잡던 녀석들이, 이번에는 '우리 조 선생님' 하면서 뺏어 가지 말라니, 허 참."

채규철은 떼를 쓰는 아이들의 투정이 귀여워서 오히려 눈물이 날 정도였다.

"두 분 선생님의 방은 저희가 깨끗하게 할 것이구만유."

아이들은 채규철이 머물던 집에 우르르 몰려가 신혼살림을 꾸릴 방을 치우고 도배를 하는 등 법석을 떨었다. 뿐만 아니라 담장을 새로 고치고 마당을 싸리비로 쓰는 등 한껏 정성을 기울였다.

'아이들을 가르치는 보람도 크지만, 이 아이들에게서 받는 사랑은 정말이지 비할 데 없을 만큼 크구나.'

채규철은 마음 한 켠이 울컥해지는 것을 느꼈다.

이윽고, 채규철과 조성례는 풀무학원 아이들과 동네 주민들의 축하를 받으며 결혼식을 올렸다. 가난한 살림이었지만 두 사람은 아이들과 함께 지내면서 깨꽃처럼 소복이 피어나는 행복을 느꼈다.

덴마크 유학과
청십자 운동

　풀무학원에서 지낸 5년은 뜻깊은 일의 연속이었다. 교사로서 아이들을 가르친 것과 농촌 운동을 함께 펼쳐 나간 것, 사랑하는 사람과 결혼해 첫아들을 낳은 것은 무엇과도 견줄 수 없는 보람과 기쁨이었다.
　어느 날, 채규철은 교회 후배에게서 편지 한 통을 받았다.
　'덴마크 정부의 프로그램에 장학생으로 추천했으니 빨리 오세요.'
　국비 장학생으로 덴마크 유학을 떠났던 후배가 채규철을 초청

한 것이다.

"여보, 정말 잘됐군요."

채규철이 후배의 편지를 읽어 주자, 아내 조성례는 활짝 웃으며 잘 다녀오라는 말을 했다.

"고맙소. 당신의 응원이 큰 힘을 주는구려."

1965년 8월, 소낙비가 장대같이 퍼붓는 가운데 공항에 도착했다.

'일찍이 농업 근대화를 이룬 덴마크를 직접 볼 수 있다니!'

채규철은 부푼 꿈을 안고 비행기에 올랐다.

덴마크에 도착한 규철은 하슬레브대학에 등록해 공부를 시작했다.

덴마크 사람들은 머나먼 극동아시아의 한국이라는 나라에 대해 잘 몰랐다. 그저 호기심으로 몇 가지 질문을 했다

"한국? 북쪽인가요, 남쪽인가요?"

"집에 자동차나 텔레비전이 있나요?"

그때마다 채규철은 무안하기도 했고, 심통이 나기도 했다. 하지만, 나중에는 이렇게 되물었다.

"혹시 키에르케고르를 아십니까?"

"……."

"아니, 덴마크에서 태어난 세계적인 철학자 이름을 모르시나요?"

채규철은 입을 다물고 있는 덴마크 학생들에게 빙긋 웃으며 한마디 쏘아 준 뒤, 한국의 오랜 역사와 문화에 대해 열변을 토했다.

유학 기간 동안 덴마크에서 보고, 듣고, 배운 것은 채규철에게 평생 잊을 수 없는 교훈을 주었다. 먼저, 덴마크를 선진 낙농 국가로 만든 달가스 대령과 니콜라이 그룬트비히 목사에 대해 알게 된 것은 큰 행운이었다. 유틀란트*의 토양을 연구한 달가스는 히스 지대에서 개간 사업을 일으켰고, 이에 감동을 받은 덴마크 국민들이 하나둘 개간 사업에 뛰어들기 시작했다. 거친 땅을 갈아엎어 나무 심기 운동을 벌인 끝에 황무지가 옥토로 바뀌었고, 국민 소득이 높아졌다.

덴마크 우드비에서 태어난 그룬트비히는 "국민성을 일깨워 위대한 국가를 건설하자."고 주장하며 농촌 부흥 운동을 벌여 덴마크 국민들의 열렬한 지지를 받았다. 그룬트비히는 교육 사상을

---

* 북해와 발트해 사이에 있는 북쪽으로 뻗은 반도.

지혜롭고 올바르게 정리한 사람으로서 신학자, 시인, 역사가, 정치가로 활동하였으며, 국민고등학교를 만들 것을 제안한 깨어 있는 교육자이기도 했다.

"우리 덴마크 땅은 농사짓기에 알맞지 않으므로 낙농업을 해야 합니다."

그룬트비히가 힘주어 강조한 말은 널리 퍼졌고, 이 때문에 훗날 덴마크는 세계 최대의 낙농업 국가가 되었다.

다음으로, 그룬트비히의 설교를 듣고 크게 감동을 받아 국민교육 운동에 몸 바친 크리스텐 콜의 일화를 듣게 된 것 또한 값진 소득이었다.

"수학 공식 따위를 단순하게 외우도록 훈련시키는 것은 죽은 교육 방식이다. 덴마크가 깨어나려면 풀뿌리 교육을 시작해야 한다!"

1851년, 크리스텐 콜은 덴마크 류넨의 뢰스링이라는 곳에서 자유학교를 열었다. 외양간을 고쳐 만든 이 학교가 바로 덴마크 국민고등학교의 시작이었다. 자유학교에서는 아침에 일어나면 덴마크식 체조를 시작했고, 모든 학생들이 밭에 나가 함께 일을 했다. 질문하는 학생이 생기면 언제든 교실로 돌아가 수업을 했다.

크리스텐 콜은 정부에 대해서도 거침없이 쓴소리를 했다.

"아이들은 부모의 것이지 국가의 것이 아니다. 정부는 지원을 해 주되, 간섭을 해서는 안 된다."

이 말을 받아들인 정부는 자유학교를 지원하면서 아무런 간섭도 하지 않았다. 자유학교는 자유로운 토론을 통해 해결의 실마리를 얻는 참교육의 길을 보여 주었다.

규칙과 간섭이 없는 자유학교와 가난한 농민을 돕는 협동조합도 좋았지만, 의료보험은 참으로 부러운 제도였다.

"덴마크의 의료보험조합에서 약값과 치료비까지 지원해 주는 게 사실입니까?"

"그럼요. 우리 정부에서는 아픈 사람이 병원에 가면 아낌없이 지원해 줍니다. 다 의료보험조합 덕분이지요."

채규철이 믿기지 않는다는 표정을 짓자, 하슬레브대학의 한 교수가 웃으며 대답했다. 덴마크는 전 국민이 잘사는 선진국이었고 6·25 전쟁을 겪은 지 얼마 안 되는 한국은 세계에서 가장 가난한 나라 가운데 하나였다. 끼니를 잇기 어려워 보릿고개라는 말을 흔히 쓰는 조국을 떠올리면 서글퍼지기까지 했다.

'그래, 의료보험조합은 우리 농촌에 꼭 필요한 제도야. 내가 무

얼 해야 할지 이제 알겠어.'

채규철은 덴마크의 농촌 구석구석을 돌아다니며 다짐을 했다. 그리고 인도를 비롯한 몇 나라를 더 돌아본 뒤 귀국길에 올랐다. 덴마크로 떠난 지 두 해가 되었을 때였다.

덴마크에서 돌아온 채규철은 여러 대학에 강의를 나가기 시작했다. 부산 복음병원에서 장기려 박사가 이끄는 모임에도 참여했다. 뛰어난 외과 의사인 장기려 박사는 '바보 의사'로 불렸다. 자신의 월급을 뚝 떼어 가난한 환자의 수술비를 선뜻 내준 일 때문에 얻은 별명이었다.

채규철은 장기려 박사의 훈훈한 인간미에 깊은 존경심을 품게 되었다. 하지만 돈 없는 환자들의 병원비를 한 개인이 무한정 내줄 수는 없었다. 모임이 끝나자 채규철은 장기려 박사에게 한 가지 제안을 했다.

"장 박사님, 덴마크에 가 보니 의료보험조합 제도가 잘돼 있더군요. 건강할 때 환자를 돕고, 병들었을 때 도움을 받는 방식이 맘에 들었습니다. 미국에서 시행되고 있는 청십자, 청방패 제도도 모두 같은 것입니다. 우리나라도 하루 빨리 이러한 제도를 만

들어 시행해야 합니다."

채규철의 설명을 듣던 장기려 박사는 밝게 웃으면서 두 손을 맞잡았다.

"좋은 생각이오, 채 선생. 나도 이북에서 피난 오기 전에 경험한 일이라 그런 제도가 꼭 필요하다 싶었지."

우리나라 최초의 의료보험조합인 청십자 의료보험조합은 이렇게 해서 싹이 텄다.

그러나 처음엔 어려움이 많았다. 무슨 계모임에 가입하라는 줄 알고 피하는 사람도 있었다. 어떤 사람은 채규철을 보험 외판원으로 알고 설명조차 들으려고 하지 않았다.

"저어, 청십자 의료보험조합에 가입하지 않으시겠습니까?"

"뭐요? 청십자…… 보험이요? 난 관심 없소."

"그게 아니라, 어려운 이웃이 함께 힘을 모으는 운동입니다."

"아, 관심 없다니까! 저리 비켜요."

하지만 의료보험의 필요성을 알게 된 사람들이 하나둘씩 늘어나고, 여러 병원에서도 차츰 협조해 주어 청십자 운동은 활기를 띠어 갔다. 날마다 흘리는 땀만큼 보람도 커졌다. 채규철에게 청십자 운동은 어느덧 삶의 일부가 되었다.

운명의 그날

1968년 10월 30일, 티 없이 맑은 가을날이었다. 그날 채규철은 일행들과 김해의 양계장을 견학하고 부산으로 돌아가는 중이었다. 운전사는 빨리 가려고 지름길로 자동차를 몰았다. 그런데 험난한 산비탈을 달리던 자동차가 갑자기 기우뚱거리기 시작했다.

"어…… 차가 뒤집히겠어, 브레이크!"

친구가 다급한 목소리로 외쳤다. 그 순간 자동차는 가파른 언덕 아래로 떨어지면서 눈 깜짝할 사이에 뒤집히고 말았다.

뒤이어 뒷좌석에 있던 시너 통에 불이 붙으면서 '펑' 하고 터졌

다. 순식간에 차에 탄 네 사람은 시너를 뒤집어쓴 꼴이 되었다. 시너를 따라 번진 불의 혓바닥이 채규철의 온몸을 핥고 있었다. 뜨거워 숨조차 쉴 수가 없었다. 채규철은 살아야겠다는 생각으로 차창을 발로 차고 뛰어나왔다.

"어억!"

뒷좌석에 앉은 두 사람이 불길에 휩싸여 있는 것이 보였다. 채규철은 다시 차 안으로 들어가 한 사람을 구해 냈지만, 불길이 거세게 타올라 나머지 한 사람은 구하지 못했다. 채규철의 온몸에 불길이 휘감겼다. 털어도 털어도 불은 도무지 꺼지지 않았다. 이때, 오른쪽 눈이 숯불처럼 빨갛게 일렁였다. 강렬한 통증이 일어난 뒤 스르르 감겨 버렸다. 실명을 하고 만 것이다.

"살려 주세요! 사람 살리요!"

채규철은 소리를 질렀다. 조금 뒤 비명 소리를 듣고 달려온 농부들이 불을 끄긴 했지만, 채규철은 이미 시커멓게 타 버린 뒤였다. 뒷좌석에 앉은 사람은 끝내 불길에 휩싸여 죽고 말았다.

부산 복음병원으로 실려 가는 내내 채규철의 머릿속에 수많은 생각들이 스쳐 지나갔다. 아내와 아이들, 부모님, 열정을 다해 가르쳤던 풀무학원 아이들, 이제 겨우 첫 삽을 뜬 청십자 운동……. 청십자 운동을 떠올리자 이대로 죽어서는 안 된다는 생각이 들었다.

'나에게는 아직 사명이 있어. 그러므로 나는 결코 죽지 않아.'

시커멓게 타 버린 채규철을 알아보는 사람은 한 명도 없었다.

"규철아! 내 아들, 규철아……."

응급실로 달려온 어머니는 불에 탄 아들을 보자마자 그 자리에서 쓰러졌다. 아버지의 눈에서도 눈물이 떨어졌다. 자식들에게 한 번도 보이지 않았던 모습이었다.

"채 선생, 아니 이게…… 어찌 된……. 오, 하느님!"

다급한 얼굴로 응급실에 도착한 장기려 박사는 채규철을 보며 말을 잇지 못했다.

"박사님……. 제가 죽더라도… 청…십자 운…동…만큼은 끝까지……."

채규철은 불에 타서 녹아 버린 입술을 달싹이며 말했다.

"그건 걱정 마시오. 우선 채 선생이 살아야 하지 않겠소?"

장기려 박사는 걱정스러운 눈빛으로 고개를 끄덕여 주었다.

몸 절반에 3도 화상을 입은 채규철은 온몸을 바늘로 찌르는 듯한 모진 고통을 견뎌야 했다. 의사는 실명한 오른쪽 눈에 의안을 해 넣었다. 불에 타 버린 눈썹은 뒤통수의 머리카락을 떼어서 붙였다. 어깨 뒷부분의 피부를 떼어서 눈꺼풀을 만들었고, 겨드랑이 털을 가늘게 떼어서 속눈썹을 붙였다. 얼굴 전체가 타는 바람에 붙어 버린 입술은 칼로 째서 입 모양을 만들었다. 갈고리같이 오그라붙은 손가락 중에서 새끼손가락은 잘라서 버렸다. 귀가 타서 없어진 부위는 머리를 길러서 덮었다. 하지만 묘하게도 안경을 쓰는 데는 이상이 없었다.

이 같은 과정을 거치며 30여 차례나 성형 수술을 받는 날들이 계속되었다. 아픔을 참다못해 정신을 잃고 사경을 헤매는 날이 끝없이 이어졌다. 의사는 얼굴, 팔, 다리와 온몸을 진찰한 뒤 말했다.

"얼굴 모양이 제대로 나오려면 수술을 더 해야 합니다. 그런데, 이제는 피부에서 떼어 낼 자리가 없군요."

"선생님, 제 피부를 떼어 드리고 싶어요."

옆에 있던 채규철의 아내가 앞으로 나서며 말했다. 단호한 어조에 의사가 오히려 놀랄 정도였다. 채규철은 그런 아내의 마음이 한편으로는 고맙고, 한편으로는 미안하기 그지없었다. 자신을 이토록 생각해 주는 아내를 위해서라도 반드시 살아야겠다는 다짐이 생겼다.

퇴원을 했지만 채규철을 더욱 아프게 한 건, 이제는 옛 얼굴을 찾을 수 없다는 사실이었다. 자신이 봐도 끔찍한 모습에 채규철은 깊은 슬픔과 절망에 빠졌다.

생사의 갈림길에서 헤매던 채규철은 장기려 박사와 여러 의사들의 도움으로 가까스로 살아날 수 있었다. 살아 있는 것이 기적이었다. 그러나 채규철을 기다리는 건 사람들의 낯설고 차가운 시선뿐이었다.

"얼른 나가 주세요!"

다방 문을 열고 들어가면, 종업원들이 채규철의 손에 십 원짜리 동전을 던져 주며 인상을 찌푸렸다. 끔찍한 외모 때문에 숫제 거지 취급을 받기도 했다. 화장품 회사 직원들에게 강의를 하러 갔을 때는 더 심했다. 경비원이 뛰어오더니 엘리베이터 앞에 서 있던 채규철의 등을 거칠게 떠밀었다.

"왜 이러세요? 나는 10층에 강의하러 온 사람입니다."

"이봐요, 당신 같은 사람이 무슨 강의를 한다고 그래? 당장 나가!"

결국 채규철은 교육 담당자가 연락을 해 준 뒤에야 겨우 강당으로 갈 수 있었다. 채규철은 애써 너털웃음을 지으며 모멸감을

삼켰다.

"이래 봬도 내 몸은 엄청난 수술비를 들여 만든 걸작품이라고. 아주 값비싼 몸이지."

슬픔은 그것으로 끝나지 않았다. 자신 때문에 온갖 고생을 다 하던 아내가 폐결핵으로 세상을 등진 것이다. 채규철은 울고 싶어도 눈물샘이 타 버려 눈물도 나오지 않았다.

아내의 장례를 마치고 이튿날 아침, 채규철은 사무실로 돌아와 청십자 첫 이사회에 참석했다. 평소와 달리 무표정한 얼굴이었기에 참석자들은 얼떨떨한 표정이었다. 하지만 채규철이 장례를 치르고 왔다는 걸 알고는 몹시 안타까워했다. 그 뒤로 채규철은 커져만 가는 마음의 상처를 안고 집 안에 틀어박혀 지냈다.

하루는 일곱 살 된 큰아들 진석이가 친구들을 집으로 데려왔다. 그런데 채규철이 마루로 나오자 아이들이 깜짝 놀라며 허둥지둥 도망을 치기 시작했다.

"우리 아빠는 좋은 사람이야. 이 장난감도 모두 아빠가 사 준 거야."

진석이는 도망가는 친구를 붙잡고 통사정을 했다.

"너희 아빠는 귀신 같아. 너무 무서워서 못 놀겠어."

친구의 대답에 진석이의 눈에는 어느덧 눈물방울이 맺혔다. 채규철의 마음에도 짙은 어둠이 내려앉았다.

'이대로 살아가는 것은 비굴한 짓이야. 저 어린 녀석까지 힘들게 할 수는 없어!'

채규철은 자신의 존재가 가족들에게 해가 되고, 사람들의 냉대와 괄시를 계속 받아야 한다면 차라리 죽는 게 낫다고 여겼다. 채규철은 죽을 생각에 나쁜 약을 사 모았고, 하루가 멀다 하고 술을 마시며 가족에게 화풀이를 해 댔다. 하지만 술에서 깨어나면 남는 건 항상 후회뿐이었다.

채규철은 부모님 얼굴을 떠올렸다. 부모님은 '모든 일을 긍정적으로 생각하는 사람이 되어야 한다.'고 늘 강조했다. 학교에서도 많은 것을 배웠지만, 어떤 힘든 상황에서건 절대 좌절하지 말라는 부모님의 가르침이 채규철에게는 가장 큰 힘이었다. 부모님의 그런 가르침이 없었다면 채규철은 아마 자동차 사고 직후에 벌써 무너졌을 것이다.

이대로 삶을 포기하는 게 옳은가 고민하던 채규철은 결국 약을 연탄불에 집어던졌다.

'내 아이의 기억 속에 사람들의 손가락질이 무서워 자살한 아버

지로 남을 순 없어. 무엇보다 청십자 운동을 본 궤도에 올려놓으려면 아직 멀었잖아.'

채규철은 모든 걸 훌훌 털고 다시 일어서기로 결심했다. 모든 건 마음먹기에 달렸다는 깨달음도 컸다.

그날 뒤로 채규철은 사고 나기 전보다 더 열심히 활동했다. 청십자 운동을 위해 밤낮없이 뛰어다녔고, 간질 환자의 치료를 돕는 장미회 일을 새로 시작했다. 소록도의 한센병 환자를 돕는 소록대 봉사대도 꾸렸다. 궁핍한 살림이었지만 가진 돈을 모두 털어 어린이 도서관을 연 것도 이때였다. 동네 아이들은 채규철 덕분에 마음껏 책을 읽으며 놀 수 있는 공간을 얻게 되었다.

이런 채규철 옆에는 그의 손과 발이 되어 주는 든든한 사람이 있었다. 풀무학원의 제자였던 유정희가 절망에 빠져 있던 채규철을 헌신적으로 보살폈고, 결국 규철의 아내가 되었다.

머지않아 두 사람 사이에서는 딸 송화가 태어났고, 무럭무럭 자라나 초등학교 학생이 되었다. 하루는 학교에서 돌아온 송화가 이야기하는 소리가 들렸다.

"엄마! 오늘 내가 학교에서 아빠 이야기를 했어."

"뭐라고 했는데?"

"응, 우리 아빠는 불에 타서 장애인이 되었지만, 많은 사람들에게 강의를 하면서 힘과 용기를 주는 선생님이 되셨다고 말씀드렸어."

건넌방에서 책을 읽다가 이 말을 듣게 된 채규철은 가슴 밑바닥에서 잔잔한 기쁨이 솟아오르는 것을 느꼈다.

어린이 방목장
두밀리자연학교

흰 눈이 내리는 크리스마스 이브 날, 아내 유정희가 편지함에서 흰 봉투를 들고 왔다.

"여보! 부산에서 온 편지인데요."

겉봉을 열어 보니, 안에는 볼펜으로 꾹꾹 눌러 쓴 편지와 함께 수표 한 장이 들어 있었다.

"오래전, 김해에서 부산 가는 길에 운전대를 잡았던 사람입니다. 그날, 저의 부주의한 운전 때문에 선생님과 일행이 큰 사고를 당하셔서 평생 괴로움 속에 빠져 살았습니다. 돌아가신 분들께는

물론이고, 끔찍한 화상을 입고 일생 불편한 몸으로 살아가는 선생님께 씻을 수 없는 죄를 저질렀습니다. 용서를 비는 마음으로, 부족하나마 적은 돈으로 제 정성을 드립니다."

편지를 쓴 사람은 임 선생이라는 분이었지만, 도통 기억이 나지 않았다. 편지 끝 부분에 적혀 있는 연락처로 전화를 걸어, 얼마 후 부산에서 만났다.

"채규철 선생님! 정말 죽을 죄를 지었습니다. 용서해 주십시오."

그 사람은 눈물을 글썽이며 채규철의 두 손을 덥석 잡더니 사죄부터 했다.

"임 선생! 나는 벌써 지난 일을 잊었어요. 그리고 이미 용서했습니다. 우리는 살아가면서 두 가지 F를 잘 지키는 게 중요하다고 생각해요. 첫째는 포겟(Forget), 옛일을 잘 잊어야 합니다. 둘째는 포기브(Forgive), 용서를 잘해야 합니다. 이제부터는 죄책감을 떨쳐 버리고 편안한 마음으로 살아가도록 하세요."

눈물범벅인 그 사람은 채규철의 말을 듣고 나서야 마음의 큰 짐을 비로소 내려놓는 듯했다.

이렇게 뜻밖의 소식을 받던 그 무렵, 채규철은 새로운 모험을 준비하고 있었다. 그것은 바로 채규철 부부가 사는 잠실 시영아파트에 어린이 도서관을 만드는 일이었다.

"여보! 당신 전공을 살려서 우리 아파트에 도서관을 꾸며 봅시다."

채규철은 화상 입은 남편을 간호하고 뒷바라지하느라 고생하면서도 불평 한마디 늘어놓은 적이 없는 아내에게 늘 고마움을 느끼고 있었다. 배움에 목말랐던 아내는 그동안 야간 고등학교를 졸업한 뒤 전문대 도서관학과를 졸업했다. 또한 살림에 보탬이 되고자 일자리를 알아보고 있었다. 살고 있는 아파트에 도서관을 만들면 아내에게 딱 알맞은 일거리가 주어질 것이라고 믿고 자신의 생각을 털어놓은 것이다.

"우리 집에 도서관을요?"

아내는 눈을 둥그렇게 뜨며 되물었다. 하지만 언제나 그렇듯이 채규철은 일을 저지르는 편이고, 뒷일을 수습하고 처리하는 것은 아내의 몫이었다. 거실에 커다란 책꽂이를 설치하고 많은 책들을 사서 꽂는 게 쉽지만은 않았다. 동네 아이들과 엄마들이 찾아와 책을 빌려가거나, 거실에 두세 명씩 앉아서 책을 읽는 일이 거듭되었다. 처음에는 그런 모습을 보며 흐뭇한 미소를 지을 수 있었지만, 가족이 아닌 남의 식구가 거실을 차지하고 있자니 불편한 일들이 점점 늘어났다. 결국, 일하는 공간과 생활하는 공간이 뒤섞이는 것은 옳지 않다는 깨달음을 얻은 뒤 아파트에 차린 도서관은 문을 닫고 말았다.

그러던 어느 날, 채규철이 아내에게 한 가지 제안을 했다.

"두밀리에 어린이 방목장을 하나 만들까?"

"어린이 방목장이요? 그게 뭔데요?"

"응, 아이들이 자연 속에서 맘껏 뛰놀며 배우는 공간 말이야. 자연학교라고 할 수 있지."

"음…… 좋은 생각이에요."

마침 채규철에게는 친구 두 사람과 함께 돈을 모아 가평군 가평읍 두밀리에 사 놓은 땅이 있었다.

그곳에 자연학교를 만들자는 그의 생각은 곧 현실이 되었다. 채규철은 서울과 가평의 뜻 맞는 여러 선생님들과 힘을 합쳤다. 두밀천 옆 너른 공터에 천막 두 개를 치고 원두막을 세우자, 그럴싸한 캠프장이 만들어졌다. 이렇게 해서 우리나라 최초의 대안학교인 두밀리자연학교가 열렸다.

"채규철 선생님이 이 학교를 만드셨으니, 이제부터 교장 선생님이라고 부르겠습니다."

"이게 어디 저 혼자서만 한 일입니까? 더불어서

한 일이지요. 이미 타 버린 사람이니까, 아이들에게는 이티 할아버지라 불리는 게 더 편안하고 자연스럽지 않을까요? 저는 이제부터 이티 할아버지로 살렵니다. 허허."

학교 문을 여는 날, 채규철은 스스로를 이티 할아버지라 부르며, 여러 선생님들과 함께 모처럼 활짝 웃었다.

해마다 5월부터 9월까지 문을 여는 두밀리 자연학교엔 주말이면 전국의 어린이들이 한 번에 백여 명씩 찾아왔다. 캠프가 열리면, 불기산 자락 아래에 자리 잡은 두밀천은 아이들의 웃음소리로 떠들썩했다.

두밀리자연학교에는 아이들이 지켜야 할 특별한 규칙이 없었다. 빽빽한 순서를 정해 놓고 아이들을 규제하지도 않았다. 처음엔 이티 할아버지가 여러 가지 프로그램을 짜 놓았지만 아이들은 시큰둥했고, 쉬 싫증을 냈다.

'지원은 하되, 간섭을 하지 않는다.'

이티 할아버지는 덴마크 자유학교를 만든 크리스텐 콜이 했던 말을 떠올려 보았다. 그 말을 곰곰 되짚어 본 뒤, 모든 프로그램을 없애 버렸다.

'그래. 두밀리자연학교는 어떠한 규제와 간섭도 없는 진정한 자유학교가 되게 하자.'

이티 할아버지의 과감한 결단에 선생님들은 걱정이 태산이었지만, 아이들은 달랐다. 아이들은 신나게 뛰어 놀면서, 노는 것도 공부가 된다는 걸 보여 주었다. 냇가에서 민물고기를 잡다가도 궁금한 점이 있으면 먼저 찾아와 선생님들께 질문을 했다.

"선생님, 이건 이름이 뭐예요?"

"응, 그건 플라나리아란다. 1급수에서만 사는 물고기지."

"얼른 보면 미꾸라지처럼 보이는데요."

"좀 닮았지만 달라. 몸이 부드러운 놈이라 돌 밑이나 낙엽 표면에 붙어서 움직인단다. 기어 다닌다고 해야 할까?"

"그럼, 1급수는 맑은 물이라는 거예요?"

"그렇지. 버들치, 꺽지 같은 고기도 모두 1급수에서만 산단다."

그런 아이들을 보며 채규철은 자연이 바로 아이들의 훌륭한 스승이라는 사실을 다시 한번 깨달았다. 이티 할아버지와 아이들은 하루 종일 냇가에서 물장구를 치고, 풀섶을 뒤져 개구리를 잡고, 옥수수도 땄다.

어느덧 해가 뉘엿뉘엿 서쪽 하늘로 떨어지더니, 어둠이 깔리기 시작했다. 밤이 되자 아이들은 모닥불을 피워 놓고 밤새 춤을 추었다. 하루 종일 뛰어 노느라 지칠 만도 한데 아이들의 얼굴에선 피곤함을 찾을 수 없었다. 아이들이 웃고 떠들며 노는 것을 보니 이티 할아버지는 저절로 행복해졌다.

"그래, 자연학교에 오니까 제일 좋은 게 뭐니?"

이티 할아버지는 낮에 자신을 보고 도깨비라고 말했던 아이에게 물었다.

"음, 맘대로 뛰어 놀 수 있는 자유가 가장 좋아요."

아이는 이제 이티 할아버지와 허물없이 이야기를 나누었고, 서로 마주 보며 활짝 웃었다. 그러자 옆에 있던 아이들도 한마디씩 보탰다.

"선생님! 숙제가 없어서 좋아요."

"학원을 다니지 않아서 좋아요."

"선생님께 꾸중을 듣지 않아서 좋아요."

"엄마, 아빠한테 공부하라는 잔소리 듣지 않아서 좋아요."

아이들은 모닥불 여기저기서 서로 질세라 한마디씩 말했다. 그 소리가 마치 돌림노래처럼 들렸다.

"선생님! 저는요, 여기 와서 제일 좋은 게 자유를 느낄 수 있었다는 거예요."

아까부터 말없이 듣고만 있던 효정이가 툭 던지듯이 말했다.

"자유? 이곳 두밀리자연학교에서 어떤 자유를 느낀 거니?"

효정이는 고개를 잠시 숙였다가, 이티 할아버지를 마주 보며 말했다.

"학교에서 보내 주는 수학여행이나 극기 훈련을 가면 늘 정해진 규칙대로 움직여야 했거든요. 말 안 듣는다고 선생님들이 혼내 줄 때가 많은데, 저는 그런 게 무지 싫었어요. 그런데 두밀리자연학교에서는 정해 놓은 공부 시간도 없고, 꽉 짜인 규칙도 없어서 정말 좋아요. 특히 친구들과 밤새껏 이야기할 수 있는 게 무척 좋아요. 날이 샐 때까지 친한 친구랑 별을 보며 대화할 수 있다는 것, 잠잘 시간을 정해 놓지 않았다는 것, 그런 것들이 저는 참 좋거든요."

"음, 효정이는 지금 몇 학년이지?"

"6학년이요."

"그래, 효정아. 그렇게 말해 주니, 참으로 고맙구나."

'나는 단지 두밀리자연학교라는 터를 마련해 주었을 뿐이야. 티

없이 맑은 눈동자로 산과 들을 바라보고, 사슴같이 날랜 다리로 계곡 사이로 뛰어다니며, 맑디맑은 들숨과 날숨으로 가평 두밀리의 내와 다리와 숲속을 채워 준 것은 바로 너희들이란다. 너희들이야말로 두밀리자연학교의 주인공들이야. 너희들이 이곳에 와 주어서, 오히려 내가 고맙지.'

이티 할아버지는 효정이에게서 생각지도 못했던 큰 선물을 받은 느낌이었다.

밤을 꼴딱 새운 아이들은 어슴푸레하게 날이 밝자 간밤에 서리를 했던 과수원 근처로 산책을 나갔다.

"애들아, 사람이 살면서 남길 수 있는 것 중에 가장 소중한 게 뭔지 아니?"

산책길 길동무로 나선 이티 할아버지가 아이들에게 물었다. 아이들은 눈을 반짝이며 다음 말을 기다렸다.

"사람들이 몸으로 살아 내는 이야기란다. 혼자만이 아닌, 남들과 더불어 살아가는 아름다운 이야기……. 절망 속에서도 꿋꿋하게 희망을 일구어 가는 이야기……."

그때 불기산 등성이로 막 떠오른 아침 햇살이 아이들과 이티 할아버지를 감싸 안으며 눈부시게 퍼져 나갔다.

채규철 연보

1937년 10월 10일
함경남도 경흥리에서 태어남.

1950년
6.25 전쟁 때 부모님과 월남하여 거제도 지세포에 정착하고, 지세포중학교에 입학함.

1953년
지세포중학교를 졸업하고, 거제고등학교에 입학하여 1년간 학교를 다님.

1954년~1956년
서울 대광고등학교로 전학하고, 1956년에 졸업함.

1957년
농촌 운동에 뜻을 품고, 서울시립대학교 농과대학 수의학과에 입학함.

1959년~1961년
육군으로 군복무를 함.

1961년~1962년
충청남도 홍성에 있는 풀무농업기술학교 교사로 어린이들을 가르침.

1963년
서울시립대학교 농과대학 수의학과를 졸업하고, 같은 해 6월에 조성례와 결혼함.

1963년~1965년
풀무농업기술학교 교사로 아이들을 가르침.

1965년
덴마크 정부 국비 유학생으로 덴마크 하슬레브대학으로 유학을 감.

1966년
덴마크 하슬레브대학을 수료함.

1967년
덴마크에서 유학을 마치고 귀국한 뒤, 여러 대학에서 강의를 시작함.
부산 복음병원 모임에서 장기려 박사를 만남.
부산으로 이주함.

1968년 5월 13일
장기려 박사와 함께 우리나라 의료보험의 기초가 되는 '청십자 의료보험조합'을 설립함.

1968년 10월 30일
자동차 전복 사고로 전신 화상을 입고 한쪽 눈을 잃음. 수술과 투병 생활을 함.

1968년
서울 청십자 의료보험조합 전무를 맡고, 1982년까지 역임함.

1970년
아내 조성례 여사가 폐결핵으로 세상을 떠남.
간질 환자 진료 사업 모임인 '장미회'를 창립함.
소록도 한센병 환자를 돕는 '소록도 봉사대'를 만들고,
서울 잠실 시영아파트에 어린이를 위한 '어린이 도서관'을 만듦.

1972년
풀무농업기술학교 제자 유정희 씨와 재혼함.

1973년~1975년
서울대학교 보건대학원에 입학하고 졸업함.

1975년~2006년
많은 교육 현장에서 장애를 극복한 삶을 주제로 강연을 함.

1980년~2006년
사회복지법인 한벗재단 대표와 고문을 역임함.

1986년~2005년
경기도 가평에 대안학교 두밀리자연학교를 설립하고 운영함.

1991년
사랑의 장기기증운동본부 창립이사를 역임함.

2003년~2006년
녹색·상생·평화 공동체 '철들지 않는 사람들'을 창립하고, 상임대표를 역임함.

2006년 12월 13일
심근경색으로 별세.

두밀리자연학교 채규철 교장

대광고등학교 시절 채규철

두밀리자연학교에서 아침 종을 치는 채규철 교장

덴마크 하슬레브 대학 유학 때 친구들과 함께

존경하는 장기려 박사와 아내 유정희 씨와 함께

채규철과 부인 유정희 씨

두밀리자연학교에서 아이들과 함께

글쓴이 박선욱

1959년 전남 나주에서 태어나 1982년 《실천문학》지에 시 〈누이야〉 외 3편이 당선되어 작품 활동을 시작했습니다. 시집 《그때 이후》《다시 불러 보는 벗들》《세상의 출구》《회색빛 베어지다》《눈물의 깊이》, 독립운동가 기림시집 《풍찬노숙》이 있고, 창작동화집 《모나리자 누나와 하모니카》, 어린이 인물 이야기 《윤이상, 끝없는 음악의 길》《평화와 희망의 씨앗 김대중 대통령》《황병기: 천년의 숨결을 가야금에 담다》《박선욱 선생님이 들려주는 김득신》《박선욱 선생님이 들려주는 백동수》《박선욱 선생님이 들려주는 백석》들이 있으며, 《놀면서 배우는 교과서 동시(저학년)》《놀면서 배우는 교과서 동시(고학년)》, 청소년 평전 《채광석: 사랑은 어느 구비에서》《윤이상: 세계 현대음악의 거장》, 청소년 소설 《고주몽: 고구려를 세우다》, 장편소설 《조선의 별빛: 젊은 날의 홍대용》들이 있습니다. 본격 평전 《윤이상 평전: 거장의 귀환》으로 제3회 롯데출판문화대상 본상을 수상했습니다.

그린이 이상권

홍익대학교 미술대학에서 회화를 공부했습니다. 여러 차례 개인전과 단체전을 가졌으며, 다양하면서도 개성 있는 그림을 그리고 있습니다. 그동안 《꽃샘 추위》《봄 여름 가을 겨울 그리고 어린이》《강철 변신》《고정욱 선생님과 함께 읽는 금수회의록》《몽양 여운형》《우리 형》《삼국지 이야기》《까매서 안 더워?》《트럭 속 파란눈이》들과 많은 어린이책에 그림을 그렸으며, 지은 그림책으로 《눈 속 아이》《구렁덩덩 새선비》들이 있습니다.